PHILOSOPHES ET PENSEURS

A. DUFRÉCHOU
Professeur à l'Institut Catholique de Toulouse.

Les Idées Morales
de
Sophocle

BLOUD & Cie

BLOUD & Cie, Éditeurs, 4, rue Madame, Paris (VIe).

Collection

SCIENCE ET RELIGION

Philosophes et Penseurs
LES GRANDS ÉCRIVAINS

Les Grands Écrivains que nous avons étudiés dans les classes ne nous ont laissé le plus souvent que de vagues souvenirs, parfois même nous en avons gardé une impression de profond ennui. C'est que malheureusement c'est aux mots que l'on s'attache dans les classes, non aux idées, à la formation littéraire et grammaticale, non à la formation morale. Pour remédier à ce défaut des études classiques, l'Université a ordonné que dans tous les lycées et collèges il soit fait, depuis la 4e jusqu'en 1re, un cours de morale, appuyé sur l'étude des auteurs du programme. Les présents volumes fourniront au maître la matière de ce cours, et aux élèves des lectures pour compléter le cours. Ils auront donc une place marquée dans les collèges, dans les bibliothèques de professeurs, dans les bibliothèques de classe et de quartier. Il a semblé qu'une telle série serait tout à fait à sa place dans la collection *Science et Religion*. Les grands écrivains de l'antiquité païenne, en effet, et ceux des temps modernes dont l'œuvre n'est pas nettement chrétienne ont toujours exprimé des idées morales qui sont comme le patrimoine éternel de l'humanité et que le christianisme a mises dans tout leur relief. Plus ces idées sont abondantes et élevées, plus l'œuvre de l'écrivain est humaine, forte et durable, plus aussi elle se rapproche de la pensée chrétienne : telle est la thèse nettement apologétique qu'on trouvera démontrée dans cette nouvelle série, qui parait sous la direction de M. J. CALVET, agrégé de l'Université, professeur de l'Institut catholique de Toulouse.

PHILOSOPHES ET PENSEURS

LES IDÉES MORALES
DE
SOPHOCLE

PAR

A. DUFRÉCHOU

Professeur de littérature grecque à l'Institut Catholique de Toulouse.

PARIS
LIBRAIRIE BLOUD & Cie
4, RUE MADAME, 4
1907
Reproduction et traduction interdites.

INTRODUCTION

Nous avons l'intention d'étudier « en moraliste » le théâtre de Sophocle : nous voulons recueillir ou dégager les idées ou leçons morales qui se trouvent exprimées ou enveloppées dans l'œuvre du plus grand des tragiques grecs.

Les chefs-d'œuvre de tous les temps révèlent une forme supérieure d'art et un degré toujours notable de civilisation. L'art forme notre goût et nous lui devons notre culture esthétique. La civilisation forme notre âme et nous lui devons notre culture morale, au sens large du mot.

S'il est beau d'orner son intelligence, il est sage d'enrichir son âme. Une éducation vraiment sérieuse doit, à l'admiration de la « forme, » joindre la méditation de la « pensée ».

La pensée antique mérite qu'on l'entende et la médite. Sans doute de longs siècles de civilisation et de civilisation chrétienne ont éminemment élevé l'idéal moral. Mais le problème de la vie se pose à toutes les générations ; et il est toujours bienfaisant d'écouter avec déférence la réponse de l'élite de l'humanité. Nous espérons le montrer pour Sophocle.

Pourquoi avons-nous choisi un tragique grec, et pourquoi Sophocle ? Parce que la tragédie était, au Vᵉ siècle, la grande école de morale de la Grèce, et parce que la morale de Sophocle nous paraît répondre tout particulièrement aux besoins de notre temps.

La tragédie représente, par définition, de grands personnages et de grands sentiments. Sortie du temple, la tragédie grecque offrit d'abord aux hommes le spectacle de la vie divine, et elle garda de ses origines religieuses une hauteur d'inspiration sans égale. Tout était grand dans ce monde de dieux, de demi-dieux et de héros qui, de droit, j'allais dire de droit divin, occupaient la scène tragique. A la noblesse des pensées et des sentiments ils alliaient la majesté de l'attitude et du langage. Ils chaussaient le cothurne. Héros était synonyme de surhomme : c'était un représentant de l'humanité, mais à la seconde puissance. Sa vie morale devenait le type agrandi et idéalisé de la vie morale du commun des mortels.

La tragédie avait conscience de son rôle. Aristophane fait dire à Eschyle, dans les *Grenouilles* : « Le poète doit jeter un voile sur le vice et se garder de le mettre au jour, de le produire sur la scène. Le pédagogue instruit l'enfance ; et le poète, l'âge mûr ; nous ne devons montrer que le bien. » Héritière des grandes traditions de l'épopée, la tragédie distribuait à larges mains le trésor moral amassé par Homère. Platon le proclame, avec une nuance d'ironie : « ἔοικε μὲν γὰρ τῶν καλῶν ἁπάντων τούτων τῶν τραγικῶν πρῶτος διδάσκαλός τε καὶ ἡγεμὼν γενέσθαι : de tous ces glorieux poètes tragiques, le premier maître et chef me paraît être Homère (1). » Le poète tragique moralise à loisir : c'est sa mission : on l'appelle σοφός jusqu'à Socrate.

Et quel maître de sagesse eut jamais si bel auditoire ? « Ses enseignements avaient d'autant plus de force et d'autorité qu'ils étaient plus solennels et plus rares. Une grande pompe, un immense rassemblement d'hommes, une sorte de communion spontanée des âmes dans un même sentiment religieux, la joie de la fête, la piété, l'enthousiasme, la curiosité, tout contribuait à donner aux choses de la scène une puissance extraordinaire. » Le poète « familiarisait le public athénien avec tout un ordre de pensées élevées, de dispositions généreuses, d'émotions nobles et rares, que la vie de tous les jours ne lui aurait pas fait connaître. Chacun, en sortant du spectacle, emportait avec lui toute une provision de souvenirs utiles. On venait de vivre pendant quelques heures d'une vie plus haute, plus instructive et plus

---

(1) *Rep.*, 595, c.

lumineuse, qui ne pouvait manquer de se refléter longtemps sur les actions et les paroles quotidiennes (1). »

Des trois poètes tragiques, Sophocle est celui qui mérite le mieux, semble-t-il, les suffrages des moralistes de nos jours. D'abord il met les rênes de la vie morale entre les mains de l'homme. Ensuite il place la grandeur de l'homme dans l'énergie d'une volonté libre et éclairée. Enfin il oriente cette volonté vers un idéal de justice. Morale plus humaine que religieuse, morale de la volonté, morale de la justice : une telle morale est toute d'actualité.

Il est bien clair que Sophocle n'a pas un système de morale : c'est un poète, non un moraliste philosophe. Il exprime des idées morales, qu'il ne se soucie nullement de systématiser. Ces idées, nous les ordonnerons de la manière la plus simple et la plus classique. Qu'on veuille bien ne pas voir un essai de système là où il n'y a qu'un plan !

Nous suivons le texte de Tournier (édition savante de Hachette) et nous renvoyons à cette édition, pour la numérotation des vers. La traduction est celle de Pessonneaux (Charpentier) souvent améliorée.

(1) Croiset, *Histoire de la littérature grecque*, III, p. 161-162.

LES IDÉES MORALES DE SOPHOCLE

CARACTÈRE GÉNÉRAL DE LA MORALE DE SOPHOCLE

La morale de Sophocle est la morale de l'homme et même du surhomme.

Dans les tragédies d'Eschyle, les dieux jouent encore le premier rôle : sous le nom de fatalité, ils gouvernent le monde ; et, dit le poète, « invincible est la force de la nécessité : Τὸ τῆς ἀνάγκης ἐστ' ἀδήριτον σθένος (1). » L'homme s'agite et Dieu le mène. La conduite de la vie est aux mains de la divinité. On peut donc parler, si l'on veut, de morale divine, mais non de morale humaine.

Avec Sophocle, l'homme passe au premier plan : il se conduit lui-même, à la lumière de son intelligence et par les seules forces de sa volonté. Ses principes d'action constituent vraiment ce que l'on doit appeler désormais la morale de l'homme.

Entre ces deux conceptions de la vie, il y a tout un abîme. Sophocle a-t-il donc, par le plus audacieux des coups d'Etat, supprimé radicalement la part de la divinité, de la fatalité dans la direction des événements et des actions humaines ? Non sans doute, une telle révolution serait unique dans l'histoire. Ce n'est pas révolution mais évolution qu'il faut dire. Sophocle a évolué de la première conception de la vie à la seconde, d'*Œdipe Roi* à *Antigone*.

Dans *Œdipe Roi*, c'est la fatalité qui règne en souveraine : elle agit sur les événements, amenant le coupable, par une série habilement graduée de demi-

(1) Eschyle, *Prom.*, 105.

révélations, à la découverte de ses horribles crimes ; elle agit sur l'esprit des personnages, les dupant par de demi-vérités, déjouant leurs calculs, et les perdant par où justement ils voulaient se sauver. Dans les *Trachiniennes*, les deux forces contraires, fatalité et volonté humaine, s'équilibrent : chacune arrive à ses fins, le destin amenant la mort d'Héraclès, la passion provoquant la mort de Déjanire. Dans *Œdipe à Colone*, les deux forces « se composent, conspirent ». Œdipe aide lui-même à la réalisation de l'oracle d'Apollon : de concert avec la divinité, l'homme travaille à sa propre réhabilitation. Mais remarquons que la fatalité n'est plus ici la fatalité ; cette force aveugle et malfaisante se convertit en principe de justice. Transformée dans *Œdipe à Colone*, la fatalité est presque sacrifiée dans *Ajax*, *Electre* et *Philoctète*. « Le poète confine, à l'aide d'artifices divers, l'action visible de la fatalité dans le début et dans la fin de la tragédie, de manière à laisser le champ libre au développement des caractères entre ces deux points extrêmes (1). » Une passion humaine occupe le centre de l'œuvre : crainte du déshonneur, vengeance, haine des ennemis. C'est à ces trois pièces que s'applique l'observation de Patin : « Les dieux s'en vont, comme on le disait à la chute du polythéisme et céderont bientôt à l'homme la scène tragique. Le temps approche où ils n'y seront plus rappelés que par respect pour la tradition littéraire, où on ne verra plus en eux qu'un accompagnement obligé du spectacle, où, dépouillés de toute vie réelle, il ne leur restera plus d'autre existence que celle d'une décoration de magasin, d'une machine de dénouement et de prologue (2). » Le *deus ex machina*, mais c'est Athéna, dans le prologue d'*Ajax*; c'est Héraclès, dans le dénouement de *Philoctète*. Enfin la fatalité est décidément traitée comme quantité négligeable dans *Antigone*. Sophocle ne met plus en jeu que les caractères et les passions. S'il rappelle

---

(1) ALLÈGRE, *Sophocle. Etude sur les ressorts dramatiques de son théâtre et la composition de sa tragédie*, p. 453.

(2) PATIN, *Sophocle*, p. 13.

parfois que « la destinée de son héroïne se rattache à tout un sombre passé qu'elle expie sans en être responsable et qu'elle accepte sans révolte, il ne s'en sert que dans la mesure la plus discrète, pour ajouter seulement au caractère une teinte de tristesse mélancolique qui en rehausse l'abnégation et la grandeur (1). »

Ainsi donc, d'*Œdipe Roi* à *Antigone*, Sophocle élimine de plus en plus l'élément merveilleux au profit de l'élément humain. Ce qui l'intéresse, c'est l'homme, non dans son rapport avec la divinité, mais en lui-même. La théologie fait place à la psychologie, et le spectacle que nous offrira le théâtre de Sophocle, c'est l'attitude de l'homme dans la vie.

Quelles sont les causes de cette transformation ? La cause générale, c'est sans nul doute le développement de la réflexion personnelle au contact de la science et de la philosophie. Comme causes particulières on peut invoquer le génie personnel de poète, peut-être aussi l'évolution naturelle de tout genre littéraire.

Quoi qu'il en soit, Sophocle met sur la scène l'homme, non pas l'homme ordinaire, mais le surhomme. Suivant une de ses propres paroles rapportée par Aristote, « Sophocle représente les hommes tels qu'ils doivent être, tandis qu'Euripide les représente tels qu'ils sont : Σοφοκλῆς ἔφη αὐτὸς μὲν οἵους δεῖ ποιεῖν, Εὐριπίδης δὲ οἷοί εἰσιν (2) ». Son œuvre aura donc une valeur morale de premier ordre.

Les héros de Sophocle ont tous, en effet, une grandeur surhumaine. « Le motif fondamental qui les inspire est généreux. L'idée qui les conduit les honore jusque dans leurs erreurs. Si le genre d'idéal qu'ils réalisent n'est pas celui de la réflexion philosophique, chose étrangère au théâtre, c'est du moins celui d'une noble humanité à laquelle nous sommes fiers d'appartenir (3). »

Cette grandeur de l'homme est une idée nouvelle.

---

(1) ALLÈGRE, *op. cit.*, p. 392.
(2) *Poétique*, 25.
(3) CROISET, *Histoire de la littérature grecque*, III, p. 269-270.

Sans doute, les Grecs ont toujours aimé la vie, le mouvement, l'activité ; mais à en juger par la littérature des premiers âges, cette idée de la grandeur de l'homme fut tenue en échec par une idée religieuse : l'idée de la répartition primitive des biens, l'idée de la Μοῖρα. A l'origine, il y eut un partage des biens et des maux. En dépit des efforts de Prométhée pour tromper Zeus, les dieux s'attribuèrent naturellement la meilleure et la plus large part : ils gardèrent pour eux la puissance et la félicité. Les hommes ne reçurent en partage que peu de biens mais en revanche tous les maux. C'est cette idée de la misère, de l'infirmité humaine dont on trouve l'écho dans la poésie antérieure à Sophocle. Prométhée lui-même, qui se vantait d'avoir élevé la condition humaine, appelle couramment les mortels, des « éphémères » « semblables à des songes ». (1) La même métaphore se retrouve dans Pindare : « L'homme est le songe d'une ombre, σκιᾶς ὄναρ ἄνθρωπος », et jusque dans Sophocle : « Je vois que, nous tous qui vivons, nous ne sommes que fantômes et ombres vaines (2). »

Or, voici que, dans *Antigone*, le chœur se met à célébrer la grandeur de l'homme, avec une force et une éloquence qui attirent l'attention. M. Croiset ne craint pas d'appeler ce morceau « une espèce d'hymne à l'humanité ». Sophocle chante les conquêtes matérielles de l'homme, puis ses triomphes dans l'ordre de l'intelligence et de la volonté.

« L'univers est rempli de prodiges, et rien n'est plus prodigieux que l'homme. Il franchit la mer écumante, porté par les vents orageux, et s'ouvre un chemin au travers des vagues enflées qui mugissent autour de lui. La plus puissante des divinités, la terre, immortelle, infatigable, il l'épuise en y promenant chaque année le soc de la charrue et en la retournant avec l'aide du cheval. Il enveloppe dans les replis de ses filets et emporte la race légère des oiseaux et les bêtes farouches et les humides habitants des mers, cet homme ingé-

---

(1) *Pyth.*, VIII, 136.
(2) *Ajax*, 125-126.

Iʳᵉ Partie. — Le Devoir.

LOI MORALE

Quels sont les principes d'action de cette noble humanité ?

Limitant ses aspirations à la vie présente, elle veut le bonheur, elle recherche le bonheur, car elle considère le bonheur comme la vraie fin de la vie humaine.

« Lorsque les hommes ont renoncé à la jouissance du bonheur, ils ne vivent plus à mon sens et je les regarde comme des cadavres animés. Vis dans ton palais au sein de l'opulence, exerce l'autorité suprême, j'y consens ; mais si le bonheur ne les accompagne, je ne t'achèterais pas tous ces biens, en échange du bonheur, pour l'ombre d'une fumée (1). »

Tel héros est-il heureux ou malheureux ? Voilà la grande question et on regrette de n'y pouvoir répondre avant la fin de la vie. « Il faut considérer le dernier jour de la vie et n'estimer heureux aucun mortel avant qu'il ait atteint le terme de sa carrière sans avoir éprouvé d'infortune (2). »

A ce compte, peu de mortels réalisent leur destinée. Car le bonheur est chose fragile. La destinée d'Œdipe symbolise, mieux que toute autre, cette fragilité du bonheur. « O race des mortels, s'écrie le chœur, quel néant à mon compte que votre existence ! Quel homme, en effet, connaît d'autre bonheur que celui de paraître heureux pour déchoir ensuite, victime de cette illusion ? Instruit par l'exemple de ta cruelle destinée, ô malheu-

---

(1) *Ant.*, 1165-1170.
(2) *Œd. Roi*, 1528-1530. Cf. aussi début des *Trachiniennes*.

reux Œdipe, je ne crois plus au bonheur des mortels (1). »

Dans *Œdipe à Colone*, le poète trace le plus sombre tableau de la vie humaine : chaque âge a ses malheurs, la jeunesse comme la vieillesse, et la mort est le dernier acte de cette douloureuse tragédie. Vaut-il donc la peine de vivre (2) ?

Sophocle comprenait donc la leçon de la vie, cette leçon que « le bonheur n'est pas de ce monde ». Les dures réalités de l'existence infligent, en effet, un cruel démenti à nos aspirations vers le bonheur. Et cependant le bonheur, nous le voulons tous. Si nous ne le trouvons pas dans cette vie, nous devons le trouver au delà de la tombe. La vie présente n'a de sens que si elle se prolonge dans un monde meilleur, où nous attend, récompense suprême, le véritable et indéfectible bonheur. Sans la vie future, la vie présente reste une énigme. Œdipe, qui devinait les énigmes du Sphinx, n'a pas su déchiffrer l'énigme de la vie.

Donc le bonheur était, aux yeux des héros de Sophocle, la fin de la vie. Comment l'acquérir ? En d'autres termes, quels étaient les principes de la vie morale ?

1er PRINCIPE : L'INTÉRÊT

Il est de bon ton, à notre époque, d'afficher une belle indifférence ou même un dédain superbe pour « l'utile » : les moralistes flétrissent à l'envi les sentiments intéressés. Les héros de Sophocle ne professaient point un tel détachement.

Sans doute ils réprouvaient l'excès, en matière d'intérêt comme en toute autre chose. Créon condamne sévèrement la vénalité. « De toutes les inventions humaines, dit-il, rien de pire que l'argent. C'est lui qui dévaste les cités, c'est lui qui chasse les hommes de leurs foyers, c'est lui qui corrompt les âmes honnêtes et leur apprend à se livrer aux mauvaises actions. Il

---

(1) *Œd. Roi*, 1186-1195.
(2) *Œd. Col.*, 1211-1248.

apprend aux hommes à mal faire et les façonne à toute espèce d'impiétés (1). »

Mais, si ces héros rougissaient d'agir par pur intérêt, en revanche ils n'oubliaient jamais leur intérêt, même quand ils agissaient par vertu. L'idée d'intérêt se mêlait aux idées morales les plus élevées. Ils envisageaient toute action sous deux faces : bien, intérêt. Ils aimaient à dire : c'est juste et, de plus, c'est avantageux.

Quand Philoctète redemande son arc, Néoptolème lui répond : « Impossible : le devoir et l'intérêt me forcent d'obéir aux chefs de l'armée : τό τ' ἔνδικον καὶ τὸ συμφέρον (2) » : le rapprochement est significatif. Antigone sacrifie sa vie à son devoir : elle pense et dit : « Si je meurs avant le temps, ce m'est un précieux avantage. » Electre surtout représente bien cette synthèse curieuse du sentiment proprement moral et du sentiment intéressé. Elle veut venger la mort de son père, mais elle poursuit aussi une vengeance personnelle. Elle pleure nuit et jour sur son malheureux père, lâchement assassiné par une épouse infidèle ; mais elle pleure aussi sur elle-même. Elle languit sans parents, sans amis pour la défendre. Traitée en étrangère, elle se voit réduite à remplir des fonctions serviles dans la maison de son père sous un costume indigne d'elle, elle doit se tenir debout autour de la table où la place du maître est vide. Son indigne mère l'accable d'outrages. Le présent l'humilie, l'avenir la décourage. Pour elle, en effet, nul espoir d'époux ni de postérité. A l'heure triste où l'on vient apporter la nouvelle de la mort d'Oreste, elle pense à son père et à son frère, mais elle ne s'oublie pas elle-même. « Infortunée que je suis, s'écrie-t-elle. Cher Oreste, ta mort m'a perdue ; tu pars arrachant de mon cœur l'unique espérance qui me restait encore, que tu viendrais un jour venger notre père et me venger moi-même. Maintenant où chercher un refuge ? Car je suis seule, privée d'un père et de toi. Me faut-il désormais vivre encore en esclave dans la société des êtres qui me sont

---

(1) *Antig.*, 295-301.
(2) *Philoct.*, 925-926.

le plus odieux, avec les meurtriers de mon père ? Voilà qui va bien pour moi (1). » Quand elle veut gagner Chrysothémis à sa cause, elle invoque la piété filiale, mais bien plus l'intérêt: « Si tu suis mes conseils, d'abord mon père mort et mon frère loueront ta piété ; ensuite née libre, tu seras appelée libre à l'avenir et tu obtiendras un hymen digne de toi, car la vertu ne manque pas d'attirer les regards (2). » Chrysothémis doit comprendre un tel langage, car nous surprenons, un peu plus loin, les deux sœurs échanger leurs idées morales, en ces termes : « *Electre.* — Quoi donc ! Mon projet ne te semble-t-il pas conforme à la justice ?

Chrysothémis. — Mais il y a des circonstances où la justice est nuisible :

ἀλλ' ἔστιν ἔνθα χἡ δίκη βλάβην φέρει (3). »

Enfin, Electre, heureuse d'avoir retrouvé son frère, lui dit cette parole charmante : « Je ne voudrais pas, dussé-je en tirer un grand profit, te causer la moindre peine (4). »

Cette préoccupation d'intérêt se lit à chaque page. Elle nous surprend autant qu'elle nous scandalise. Il ne faudrait peut-être pas la juger trop sévèrement au point de vue moral : il peut y avoir harmonie entre l'intérêt personnel et l'intérêt général : et puis à vivre si près du bien dans la conscience, l'intérêt en garde un léger parfum de moralité.

2ᵉ PRINCIPE : LA GLOIRE

Ce principe est plus élevé. De tous temps, l'amour de la gloire a inspiré de nobles actions, mais en Grèce plus que partout ailleurs. « Le Grec imaginatif et personnel aime naturellement la gloire : il veut être honoré dans le présent et laisser un brillant souvenir après lui.

---

(1) *Electre*, 807-816.
(2) *Electre*, 967-972.
(3) *Electre*, 1042.
(4) *Electre*, 1304-1305.

Déjà, dans Homère, Achille se retire sous la tente plutôt que de paraître humilié aux yeux des Grecs, et il préfère une vie courte mais glorieuse à une longue existence sans honneur. L'idée de la gloire est partout dans l'*Iliade* et dans l'*Odyssée* : elle est le principe même de l'épopée, qui a pour objet de raconter les gestes glorieux des héros κλέα ἀνδρῶν. Dans la cité, ce sentiment prend une force, une continuité d'action d'autant plus grande que la vie collective est plus étroite à la fois et plus intense, que tous les membres de la cité sont très près les uns des autres et dans une perpétuelle émulation, toujours obligés de se connaître et de se juger réciproquement. L'opinion règne en souveraine. (1) »

La gloire séduit les héroïnes de Sophocle, Antigone et Electre. « Quelque cruel que soit mon sort, dit Antigone, je n'en mourrai pas moins avec gloire (2). » « Quelle gloire, d'ailleurs, plus brillante pourrais-je obtenir que celle d'avoir inhumé mon frère (3) ! » Electre évoque devant l'imagination de sa timide sœur ce beau rêve de gloire : « La vertu ne manque pas d'attirer les regards. Ne vois-tu pas quel renom glorieux nous obtiendrons l'une et l'autre si tu suis mes conseils. Quel citoyen, quel étranger, en nous voyant, ne nous saluera pas de ces paroles flatteuses : « Voyez ces deux « sœurs, mes amis, qui ont sauvé la maison de leur père, « et qui, faisant bon marché de leur vie, ont donné la « mort à leurs ennemis florissants. Il faut les aimer, il « faut les respecter tous ; dans nos fêtes et dans nos « assemblées, il faut les honorer tous pour prix de leur « courage. » Voilà ce que tout le monde dira et la gloire ne nous fera défaut ni de notre vivant ni après notre mort. « Ce beau couplet se termine par ce beau vers : « Pour des âmes bien nées, il est honteux de vivre dans la honte : ζῆν αἰσχρὸν αἰσχρῶς τοῖς καλῶς πεφυκόσιν (4). » Electre dit de même à Oreste : « Si j'avais été seule, je

---

(1) A. Croiset, *Questions de morale* (Alcan) p. 133.
(2) *Antig.*, 96-97.
(3) *Antig.*, 502-503.
(4) *Electre*, 972-985.

me serais affanchie glorieusement καλῶς ou j'aurais péri avec gloire καλῶς (1). »

On pourrait multiplier les citations. Mais il y a mieux à dire. Une des pièces de Sophocle est proprement un hymne à la gloire. Ajax se déshonore sans le vouloir ; la honte d'un forfait même involontaire lui pèse tant qu'il se donne la mort, témoignage éloquent du prix que les Grecs attachaient à la gloire.

Ajax, le plus vaillant des Grecs, a réclamé comme un droit les armes d'Achille. Une manœuvre frauduleuse de Ménélas les fait adjuger à Ulysse. Profondément humilié de cet échec, le héros cherche à se venger et il tombe dans une humiliation encore plus profonde : car, égaré par Athéna, il porte sur des animaux inoffensifs les coups terribles qu'il destinait au fils de Laerte et aux Atrides. Son infortune est telle qu'Ulysse lui-même, plus humain que la déesse Athéna, éprouve pour son ennemi une profonde pitié.

Peu à peu le malheureux recouvre la raison, et quand il voit sa tente pleine de carnage, il se frappe la tête et demeure longtemps plongé dans un profond silence. Puis il exige de Tecmesse qu'elle lui révèle tout ce qui s'est passé. Tecmesse obéit et raconte ce qu'elle sait. Alors éclate le désespoir du héros. C'est une explosion spontanée de la douleur la plus violente : rien ne montre mieux la force d'un sentiment que cette révolte instinctive d'une grande âme. Ajax, le vaillant Ajax, gémit sourdement ταῦρος ὣς βρυχώμενος.

Il s'élance hors de sa tente, appelle et son fils et son frère, supplie ses matelots de le tuer pour le sauver de la honte, et ajoute avec une tragique ironie : « Voyez-vous ce héros hardi, magnanime, intrépide dans les combats, signaler son courage contre des animaux paisibles ! O dérision, quelle honte outrageante (2) ! » Il voit le rire insultant de ses ennemis, surtout le rire d'Ulysse : « Artisan de tous les crimes, fils de Laerte, rebut de l'armée, comme tu dois rire dans l'excès de ta

---

(1) *Electre*, 1320-1321.
(2) *Ajax*, 364-367.

joie (1). » Et la pensée de la mort passe à nouveau comme un éclair devant ses yeux : « O ténèbres, ma lumière, Erèbe qui brilles d'un si vif éclat à mes yeux, recevez-moi, recevez un nouvel hôte, car je suis indigne désormais d'attendre l'assistance des dieux et des hommes (2). » Que faire maintenant ? Reparaître ainsi sans gloire devant son père ? Plutôt la mort, mais une mort glorieuse ! La gloire, toujours la gloire ! Ajax a la hantise de la gloire. « Vivre avec gloire ou mourir avec gloire, tel est le devoir d'un homme de cœur : Ἀλλ' ἢ καλῶς ζῆν ἢ καλῶς τεθνηκέναι Ι τὸν εὐγενῆ χρή (3). »

L'excitation est tombée par degrés. Un calme relatif s'établit dans cette âme, sous l'influence d'une décision ferme. Ajax redevient assez maître de lui, pour laisser longuement parler Tecmesse. En vain l'infortunée Tecmesse représente à celui quelle aime et les outrages réservées à son fils et à sa captive et la douleur d'un père et d'une mère chargés d'ans, et la vie malheureuse qui l'attend elle-même ; en vain elle évoque le souvenir de leur amour et de leur bonheur. Ajax résiste à sa prière. A l'amour de ses parents, à l'amour de Tecmesse et d'Eurysacès, il préfère l'amour de la gloire. La gloire, Ajax l'aime jusqu'à l'excès. Ses plus chers sentiments, sa vie même, il sacrifie tout à la gloire. Ce héros ne savait pas qu'il est plus honorable de réparer sa faute et de reconquérir son honneur que de céder au désespoir et de déserter son poste. Mais il faut du moins admirer en lui ce noble sentiment de honte qui accompagne et déjà expie une mauvaise action.

L'amour de la gloire est un puissant excitateur d'énergie morale. « Ces braves ont mérité, dit Périclès, chacun en particulier d'immortelles louanges et la plus glorieuse des sépultures, non pas seulement cette tombe où ils reposent, mais un monument dans lequel leur gloire restera toujours vivante, toutes les fois qu'il s'agira de parler ou d'agir. Car l'homme illustre a pour

---

(1) *Ajax*, 380-382.
(2) *Ajax*, 394-400.
(3) *Ajax*, 479-480.

tombeau la terre entière ; ce ne sont pas seulement les inscriptions des stèles élevées dans sa patrie qui transmettent sa mémoire : même au dehors, elle vit sans inscriptions, dans la pensée des hommes bien plus que sur les monuments (1). »

L'amour de la gloire, mais, chez les Grecs, il donna son nom au bien et au mal moral. Le bien, c'est le beau, τὸ καλόν ; le mal, c'est le laid, le honteux τὸ αἰσχρόν. Aristote dira δεῖ ὡς καλόν : il faut faire cette action parce qu'elle est belle. Ne disons-nous pas tous les jours : il est beau de mourir pour sa patrie ; il est honteux de mentir ?

3ᵉ PRINCIPE : LA JUSTICE

Au-dessus de l'intérêt et de la gloire, se place la justice, principe d'action autrement noble et désintéressé.

Nous trouvons, dans Sophocle, l'instinct de justice et l'idée de justice.

J'appelle instinct de justice, cette conception rudimentaire et grossière que Créon formule en ces termes : « Si l'homme souhaite d'avoir dans sa maison des fils soumis, c'est pour qu'ils rendent à ses ennemis le mal qui leur est dû et rivalisent avec lui d'affection pour ses amis (2). » C'est la justice du talion. « On n'encourt aucune punition du destin à rendre le mal pour le mal (3). » Cette justice consiste à faire ou à souhaiter un bien ou surtout un mal égal à celui que l'on a reçu. Qu'on se rappelle les souhaits d'Héraclès contre Déjanire, de Philoctète contre Ulysse et les Atrides (4), les souhaits mêmes d'Electre et d'Antigone contre leurs persécuteurs. La vengeance apparaît toujours comme un droit et un devoir. L'humanité n'a pas encore la voix divine qui dira : « *Ego autem dico vobis : diligite inimicos vestros, benefacite his qui oderunt vos. Si enim*

---

(1) *Thucyd.*, II, XLIII, 2-3.
(2) *Antig.*, 641-644.
(3) *Œd. Col.*, 229-230 (texte assez obscur).
(4) *Trach.*, 1040 ; 1066-1069. — *Philoctète*, 314-316 ; 1113-1115.

diligitis eos qui vos diligunt, quam mercedem habebitis (1). »

Mais il y a, dans Sophocle, une justice plus parfaite. Antigone proteste contre le talion. Polynice fût-il le plus méchant, le plus impie des fils, « il n'est pas juste, ô mon père, dit-elle, de lui rendre le mal pour le mal : ἀντιδρᾶν κακῶς (2). » A une justice grossièrement commutative se superpose une justice sagement distributive. Cette justice s'exprime dans la loi : « Tu es venu, dit Thésée à Créon, dans une ville qui pratique la justice, où rien ne se fait que par la loi (3). » δίκαιον et νόμος sont synonymes.

Au nom de cette justice, Créon porte une loi qui défend d'accorder les mêmes honneurs à Étéocle et à Polynice, l'un fidèle, l'autre traître à sa patrie.

Au nom de cette justice, Electre veut venger son père ; elle obéit à une loi morale et à une loi religieuse. La loi morale, c'est le culte de la famille ; la loi religieuse, c'est le culte des morts. La justice de sa cause, Électre la plaide courageusement devant Clytemnestre, et le chœur prédit qu'elle triomphera. « La justice viendra portant dans sa main la force que donne le droit (4). » « Je te vois, ô ma fille, malgré la rigueur de ton destin, mériter la palme par ton respect pour les lois les plus saintes, par ta piété envers Zeus (5). »

Au nom de cette justice, Ulysse demande qu'on ensevelisse Ajax : « Que le ressentiment et la haine, dit-il à Agamemnon, ne l'emportent pas dans ton âme, au point de fouler aux pieds la justice τὴν δίκην πατεῖν. Moi aussi je n'avais pas dans l'armée de plus grand ennemi que cet homme, du jour où je remportai les armes d'Achille. Et pourtant, quelle que fût sa haine pour moi, je ne saurais le méconnaître jusqu'à nier qu'il ait été le plus brave de tous les Grecs venus à Troie, Achille excepté. Ainsi tu ne peux, sans injustice, le traiter avec

---

(1) *Saint Matth.*, v, 44, 46.
(2) *Œd. Col.* 1191.
(3) *Œd. Col.*, 913-914.
(4) *Electre*, 476.
(5) *Electre*, 1095-1097.

mépris : ce serait outrager non sa personne, mais les lois des dieux. Il est injuste d'attaquer un grand homme après sa mort, quelque haine qu'on ait pour lui (1). »

Ainsi justice et loi se confondent : elle réalisent l'ordre, ordre évidemment rationnel ; de sorte que, en dernière analyse, « le juste » τὸ δίκαιον, c'est le raisonnable, et la justice peut se définir : la raison, manifestée dans et par la loi.

Cette justice s'impose et défie la force. « Quand une chose est juste, il n'y a pas lieu de disputer, il faut se hâter d'agir. » « Quand on a la justice pour soi, la fierté est permise. » « Quand il a le droit pour lui, le faible triomphe du fort (2). »

Tel est l'idéal de justice, idéal d'ordre rationnel, idéal d'harmonie. « Le sentiment de l'harmonie est le sentiment grec par excellence, c'est le besoin le plus impérieux de la Grèce en religion et en morale. Le Grec cherche la proportion et la mesure dans l'univers et en lui-même (3). » La première des vertus morales sera la σωφροσύνη : équilibrant et harmonisant les éléments de vie, elle produira une œuvre d'art, et plus que jamais le bien méritera de s'appeler τὸ καλόν.

4ᵉ PRINCIPE : LA BONTÉ

Faut-il aller plus loin et chercher un idéal supérieur à l'idéal de justice ? La réponse est malaisée et délicate.

Il semble cependant qu'on surprenne parfois, dans les âmes les plus nobles, comme l'éclosion de l'idée d'humanité, je n'ose dire de fraternité humaine. Les Grecs ont un mot pour traduire cette idée, le mot φιλανθρωπία. Un souffle de bonté passe sur le théâtre de Sophocle.

Déjà, du temps d'Homère, on respectait l'hôte et le

---

(1) *Ajax*, 1334-1335.
(2) *Electre*, 466-467. — *Ajax*, 1125. — *Œd. Col.*, 880.
(3) Girard, *Le sentiment religieux en Grèce*, in-12, p. 5.

suppliant : c'étaient des envoyés de Zeus. Les héros de Sophocle les respectent encore pour ce motif d'ordre religieux, mais ils les respectent aussi pour un motif purement humain : ce sont des malheureux. Dans *Œdipe à Colone*, le poète célèbre la piété athénienne. « La piété du passant, du chœur, de Thésée, c'est la piété athénienne avec toutes les qualités morales qu'elle suscite ou qu'elle suppose. Scrupuleuse, méticuleuse même, elle tient à l'observation rigoureuse des usages religieux et des formes prescrites. Mais elle est plutôt généreuse et large : elle sait concilier avec le respect des dieux l'humanité et la douceur. Il y entre beaucoup de ce sentiment souvent exprimé par Sophocle, que le bonheur des mortels est essentiellement fragile, et qu'on doit à l'infortune un peu de la compassion qu'on aura peut-être un jour à réclamer pour soi-même. Une piété semblable crée des devoirs envers les hommes non moins qu'envers la divinité : le passant et le chœur feront céder leurs scrupules religieux à la commisération que leur inspire Œdipe ; et si Thésée accueille avec tant de grandeur bienveillante l'aveugle errant, ce n'est pas seulement parce qu'il est, en sa qualité de suppliant, un envoyé des dieux, c'est aussi et surtout à cause des malheurs qu'ils ont soufferts l'un et l'autre. « Je n'oublie pas, dit-il, que j'ai grandi à l'étranger comme toi ; que, sur la terre étrangère, j'ai affronté pour ma vie des dangers que personne autre n'a courus ; aussi jamais je ne refuserai mon aide à un étranger malheureux comme tu l'es. Je sais que je suis homme et que, pas plus que toi, je ne suis maître de demain. » Avec cette piété compatissante s'allie une certaine délicatesse de sentiment : le roi d'Athènes s'abstiendra d'interroger son hôte sur sa naissance et sur sa patrie ; il tentera de jouer, contre ses propres intérêts, le rôle de conciliateur entre le père irrité et les enfants coupables (1). » Cette piété compatissante et délicate, c'est encore celle de Déjanire pour les pauvres captives, c'est celle des femmes de Mycènes venant consoler la malheureuse

---

(1) ALLÈGRE, *op. cit.*, 242-244.

Electre, celle de Néoptolème pour Philoctète, celle d'Œdipe pour ses sujets.

La piété pour le malheur devient de la générosité, quand elle s'adresse à un ennemi. L'antiquité ne connut guère la beauté ni le mérite du pardon. Cependant Déjanire, dans sa grandeur d'âme, oublie que la jeune Iole est sa rivale et éprouve pour elle la plus sincère commisération. Accusé de trahison par Œdipe, Créon témoigne tant de bienveillance au roi malheureux que son accueil étonne Œdipe lui-même ; Créon va même jusqu'à devancer les désirs d'un père infortuné et lui amène ses deux enfants. Polynice demande pardon à son père : « Près du trône où siège Zeus, la Miséricorde est assise ; laisse-la s'asseoir auprès de toi aussi, mon père (1). »

A son tour, la générosité s'élève jusqu'à la charité, quand elle se dévoue soit à l'humanité en général, soit aux ennemis. Œdipe dit à Tirésias : « Quelle plus noble tâche pour un homme que de faire servir son art et son pouvoir au bien de ses semblables (2). »

Ulysse plaide pour son plus grand ennemi : il gagne sa cause et dit à Teucer : « Je déclare que je suis autant l'ami d'Ajax que j'étais son ennemi (3). » Antigone, enfin, n'est-elle pas, pour son père et pour son frère, une incarnation anticipée de la charité chrétienne ! Ne représente-t-elle pas la douceur, l'abnégation, le dévoûment le plus absolu, la bonté la plus exquise ? En réponse aux arguties de Créon, elle invoque une loi d'amour : c'est la loi de l'Hadès, c'est la loi de son âme. « Οὔτοι συνέχθειν ἀλλὰ συμφιλεῖν ἔφυν : je suis née pour m'associer à l'amour et non pas à la haine (4). » Egalement exposés au malheur et condamnés à la mort, les hommes doivent s'aimer et non se haïr : idée sublime entrevue par la sagesse antique et consacrée par la morale chrétienne.

La loi morale est donc une loi de justice : elle s'ébau-

---

(1) *Œd. Col.*, 1267-1269.
(2) *Œd. Roi*, 314-315.
(3) *Ajax*, 1376-1377.
(4) *Antig.*, 523.

che dans la recherche de l'intérêt et l'amour de la gloire et s'achève dans la bonté.

CONSCIENCE MORALE

La moralité relève de la conscience. Mais de quelle conscience ?

Jusque vers le milieu du ve siècle, la seule conscience que pût, à vrai dire, consulter un Grec, c'est celle que nous nommerons la « conscience commune ». Il n'y avait en Grèce aucun Décalogue, aucun code de devoirs. Des idées d'origine diverse formaient comme une atmosphère morale, une sorte de moralité diffuse, un idéal de moralité courante. Cet idéal se reflétait dans la « conscience commune ». La vie intense est alors la vie collective. La poésie exprime les sentiments de tout un peuple : la morale, ses traditions et ses croyances. Chacun pense et agit comme on pense et agit autour de lui, dans la cité. La vie individuelle se fond dans la vie collective, comme une goutte d'eau dans l'océan : la seule morale, c'est la morale sociale, moins encore, la morale civique, qui n'impose guère qu'un devoir : l'obéissance aux lois de la cité.

Mais peu à peu l'individualisme naît. Un premier pas vers la pensée indépendante se fait dans l'initiation aux mystères : un groupe se détache de la collectivité pour penser et croire hors de la tradition commune. Ce groupe s'émiette à son tour, sous l'influence de la réflexion philosophique. Les sophistes posent en face de la conscience collective la conscience individuelle et scandalisent les conservateurs, lesquels constituent la grosse majorité. Le conflit que les philosophes posaient à l'école, Sophocle l'a mis à la scène. Antigone, c'est la révolte de l'individu contre la cité, de la conscience contre la loi, du droit contre la force. C'est l'affirmation énergique de l'autonomie de la conscience morale. Désormais, pour se guider dans la vie, il faudra interroger non plus seulement la conscience commune, mais encore sa propre conscience, et en cas de conflit, écouter sa conscience.

Qui donc va soutenir héroïquement les droits de la conscience ? C'est une femme, une jeune fille. Elle est seule, son père et ses frères sont morts, et sa sœur Ismène se dérobe. Elle est seule, mais elle a pour elle son caractère indomptable, sa volonté puissante. Elle a surtout pour elle la force morale que lui donne le sentiment du devoir ; et elle n'a pas hésité. Ce frère « qu'on abandonne sans sépulture à la voracité des oiseaux qu'attire l'appât d'une proie agréable », elle l'ensevelira au péril de sa vie.

La mort, elle l'accepte comme une gloire, comme un bienfait. Dès qu'elle paraît sur la scène, sa figure est comme illuminée de la beauté que donne au front humain la sainte exaltation du devoir. Son héroïsme traite avec dédain la timidité, la prudence, les craintes de sa sœur Ismène. Antigone fera son devoir à la face du ciel et de la terre.

Allons, mon cher Néarque, allons aux yeux des hommes
Braver l'idolâtrie et montrer qui nous sommes.

Le martyr brave tout, même l'impossible : exaltation sublime, que les natures vulgaires et moyennes traitent et traiteront toujours de folie.

Antigone vole vers le cadavre déjà décomposé de son frère. Insouciante de l'ouragan déchaîné qui éloigne les gardes eux-mêmes, elle « recouvre le corps d'une poussière sèche, et d'un vase d'airain que le marteau a poli, elle verse d'en haut sur le cadavre une triple libation ». Son devoir est accompli : les gardes se précipitent, elle attend ; ils l'interrogent, elle avoue, calme et sereine.

Quel adversaire va se dresser devant cette jeune fille ? C'est l'Etat, c'est la loi, c'est la force, en la personne de Créon. L'adversaire est redoutable, car Créon n'allègue que la raison d'Etat, ne connaît que la loi, ne gouverne que par la force. Il a lancé un décret : quiconque l'enfreindra, étranger, ami ou parent, sera frappé sans délai comme sans pitié.

Ces deux adversaires irréductibles, Sophocle va les mettre en présence. Scène grandiose, terrible, émouvante, l'une des plus belles que l'on puisse rêver.

Antigone est devant son juge, calme et silencieuse, les yeux baissés. Comment ne pas admirer l'attitude simple et imposante de la vertu confiante dans ses droits imprescriptibles ? Le garde accuse ; le juge interroge ; Antigone avoue.

Le conflit éclate. Créon s'écrie : « Et cependant tu as osé transgresser cette loi ? ». Dans la parfaite possession d'elle-même, Antigone répond par cette admirable apologie de la conscience morale individuelle :

« C'est que Zeus ne l'a pas publiée, c'est que Diké, qui habite avec les dieux infernaux, n'a point imposé aux hommes de pareilles lois. Et je ne pensais pas que tes décrets eussent assez de force pour faire prévaloir la volonté d'un mortel sur les lois des dieux qui ne sont pas écrites et qui sont immuables ; car elles ne sont ni d'aujourd'hui ni d'hier : elles existent de tout temps et personne ne sait quelle en est l'origine. Je ne devais pas, par crainte de froisser l'orgueil d'un mortel, m'exposer au juste châtiment des dieux. Je savais que je devais mourir, pouvais-je l'ignorer ? même sans ton arrêt. Si je meurs avant le temps, ce m'est un précieux avantage. Pour qui vit comme moi au milieu des maux, comment la mort ne serait-elle pas un bonheur ? Aussi le destin qui m'attend n'a rien qui m'afflige ; mais, si j'avais laissé sans sépulture celui qui est né de la même mère que moi, j'en serais affligée : ce qui m'arrive ne m'afflige pas (1). »

« Il y a près de deux mille cinq cents ans que ces paroles ont retenti dans Athènes, et, depuis deux mille cinq cents ans, elles ont vécu ces lois qu'attestait Antigone, qui n'ont ni code, ni ministres, ni satellites ; elles sont restées immortelles à travers la fragilité des décrets humains, toujours favorables à l'humanité, toujours vengeresses de l'injustice. Non, personne ne les a vues naître ; personne ne sait non plus où elles reposent, ni

---

(1) *Antig.*, 450-168. — Cf. *Œdipe Roi*, 863-872.

du fond de quel abri inaccessible elles paraissent tout à coup, avec une puissance et une majesté souveraines. Tantôt, comme à Thèbes, elles sortent de la conscience d'une jeune fille qui n'a d'autre force que de savoir mourir, et ce jour-là elles s'appellent le respect de la sépulture ; tantôt, comme à Rome, elles crient contre les Tarquins ou contre les décemvirs, avec le sang de Lucrèce ou de Virginie, et ce jour-là elles s'appellent la Pudeur ; tantôt enfin elles paraissent avec les martyrs devant le tribunal des proconsuls païens, et elles s'appellent la Foi ; car c'est leur privilège de s'appeler tour à tour des noms les plus beaux et les plus saints de l'humanité. Elles ont un autre privilège : comme elles vivent au fond de tous les cœurs, il suffit du moindre cri pour les éveiller. En vain la prudence et la peur veulent les empêcher de répondre : elles murmurent comme un écho sourd et profond dans toutes les poitrines. Ne croyez donc pas, qui que vous soyez, qui invoquez ces lois au milieu du silence d'un peuple opprimé ou même au milieu des cris de colère d'un peuple abusé par la calomnie, ne croyez pas que vous soyez seuls ou que votre voix périsse étouffée (1). »

A cette noble et fière revendication des droits intangibles de la conscience morale, Créon ne peut opposer que la loi. On connaît ses principes de gouvernement ; il ne juge pas convenable de les exposer à nouveau, lui, homme, à une femme. Ce grand conflit de principes moraux, il le rabaisse au niveau d'une querelle personnelle. « Elle savait qu'elle m'outrageait ; à cet outrage elle en a joint un autre en s'applaudissant de ce qu'elle a fait, en riant de son crime. » Voilà la grande faute d'Antigone : elle a offensé Créon, Créon n'admet pas qu'on l'offense.

La lutte reprend, vive, ardente, entre les deux adversaires. « Veux-tu quelque chose de plus que la mort de ta captive ? — Non rien ; ayant cela, j'ai tout — Alors que tardes-tu ? » Créon voudrait confondre ou du moins

---

(1) Saint-Marc-Girardin. *Cours de littérature dramatique*, II, p. 303-304.

embarrasser son ennemie. Il argumente : il y a de bons et de mauvais morts ; le crime n'a pas droit au même traitement que la vertu. Antigone répond avec sa conscience : « Étéocle m'approuverait ; chez Hadès, les lois sont les mêmes pour tous, et enfin, je suis faite pour m'associer non à la haine mais à l'amour. »

Cette parole sublime « résume et clôt la discussion. Les deux adversaires ne parlent pas la même langue et ne pouvaient pas s'entendre. C'est par des raisonnements, pour des considérations purement humaines que Créon condamne Polynice et juge criminelle l'action d'Antigone. Mais le cœur a des raisons que la raison ne connaît point, et c'est avec le cœur qu'Antigone absout son frère et s'absout elle-même ; du cœur lui vient cette intuition si claire du caractère divin de la loi qu'elle proclame et glorifie. Cette loi est une loi d'amour, et, dans le cas présent, une loi de sacrifice et d'immolation (1). »

La sentence ne se fait pas attendre : « Va donc aux enfers : puisque tu as besoin d'aimer, aime ceux qui l'habitent. Pour moi, tant que je vivrai, une femme ne me commandera pas (2). » Créon ne comprend pas. Il ne comprend ni l'héroïsme d'Antigone ni le demi-héroïsme d'Ismène. « Je vous dis que ces deux filles sont insensées : l'une depuis un instant, l'autre depuis qu'elle est née (3). » Créon ne comprend pas ; mais il a la force. Antigone mourra.

Antigone est condamnée. A son devoir de conscience elle sacrifie sa vie. Qu'est-ce qu'une pauvre vie, en comparaison du devoir ? L'héroïne montre ce dédain de la mort commun à tous les martyrs : par la pensée n'est-elle pas déjà morte ? Mais elle veut mourir seule : elle est jalouse de la gloire de mourir pour sa foi morale. Elle repousse vivement Ismène, qui, soulevée par l'héroïsme de sa sœur, demande d'avoir part à sa faute et à son supplice.

---

(1) ALLÈGRE, p. 423-424.
(2) *Antig.*, 524-525.
(3) *Antig.*, 561-562.

Antigone sacrifie sa vie. Elle sacrifie encore son bonheur, son amour. Ismène nous apprend qu'Antigone était la fiancée d'Hémon. Antigone ne trahit pas le secret de son cœur ; elle ne dit pas un mot de son amour. Mais on devine quelle doit être sa souffrance intime quand Créon prononce cette parole injuste et cruelle : « κακὰς ἐγὼ γυναῖκας υἱέσι στυγῶ ; je repousse avec horreur pour mon fils une méchante femme (1). » Injure si blessante qu'Ismène proteste : « O cher Hémon, comme ton père t'outrage ! » La plupart des éditeurs placent cette protestation dans la bouche d'Ismène, parce qu'elle serait, disent-ils, déplacée dans celle d'Antigone. Cependant un tel cri du cœur serait si naturel ! Antigone écoutait silencieuse, mais le mot de κακὰς γυναῖκας l'a meurtrie. Elle ne peut maîtriser son émotion, mais s'oubliant elle-même, elle ne relève que l'injure faite indirectement à Hémon. Son secret lui échappe, mais de façon à la fois si spontanée et si discrète ! Et le voile retombe si vite sur un sentiment d'ailleurs si profond et si légitime ! Le poète n'a pas voulu, comme dit si bien M. Allègre, qu'un sentiment profane vînt altérer en elle la pureté de la sainte passion du devoir. Le sacrifice de son amour s'accomplit ainsi dans le secret de son âme : il n'en est que plus héroïque et plus beau !

L'heure de mourir approche. Devant cette tombe qui va se fermer à jamais sur sa jeunesse et ses espérances de bonheur, l'héroïne s'efface et la jeune fille se prend à pleurer. Mourir à la fleur de l'âge ! Regarder pour la dernière fois la lumière du soleil ! Mourir « sans que le chant nuptial ait encore dit son nom » ! Si du moins Antigone sentait près d'elle ou au-dessus d'elle un appui ! Mais non. Près d'elle, le chœur, malgré ses sympathies secrètes, affiche une prudente indifférence, et, quand elle se compare à Niobé, cette indifférence revêt une nuance d'inconsciente ironie. Et Antigone blessée murmure tristement : « Hélas ! on rit de moi. Au nom des dieux de la patrie, pourquoi m'outrager avant que je meure, lorsque je suis encore sous vos

(1) *Antig.*, 570.

yeux... Sans amis, sans époux, sans être pleurée, malheureuse, j'accomplis mon dernier voyage... aucun ami ne donne à mon trépas ni larmes ni regrets (1). »

Au-dessus d'elle, le ciel reste fermé : « Malheureuse, à quoi bon élever encore mes regards vers les dieux ? Pourquoi implorer leur appui, quand, pour prix de ma piété, j'ai acquis le renom d'impie (2) ? »

Antigone sent toute l'amertume de son sacrifice. L'héroïsme a son heure de défaillance et de tristesse ; la nature se révolte contre la mort. Certes, il est dur de mourir si jeune, sans la moindre consolation humaine, sans le moindre secours divin ! Mais n'est-ce pas l'âpreté même du sacrifice qui en fait le mérite et la gloire ?

Cependant, à la pensée des chers défunts qu'elle va rejoindre, Antigone se reprend, et lorsque Créon apparaît, l'héroïne, toute à son devoir, jette, dans un dernier adieu, aux spectateurs et au monde l'inoubliable protestation de l'innocence.

Λεύσσετε, Θήβης οἱ κοιρανίδαι
οἷα πρὸς οἵων ἀνδρῶν πάσχω
τὴν εὐσεβίαν σεβίσασα

« Voyez, chefs des Thébains, quel traitement j'endure et de la part de qui, pour avoir observé les lois de la piété (3). »

Antigone s'éloigne, est « enterrée vivante » et meurt. Elle meurt, mais la cause sainte, pour laquelle elle meurt, triomphe et vivra éternellement.

Elle triomphe dans l'âme du chœur. Antigone le sait bien ; si le chœur se tait, c'est parce qu'il tremble devant Créon. Mais à la fin, il osera dire : « Ah ! que la justice s'est montrée tard à tes yeux (4). »

Elle triomphe aux yeux du peuple. Hémon le déclare à son père :

(1) *Antig.*, 839-841, 876-877, 881-882.
(2) *Antig.*, 922-924.
(3) *Antig.*, 940-943.
(4) *Antig.*, 1270.

« Moi je puis entendre furtivement en quels termes la ville déplore le sort de cette jeune fille qui, pour l'action la plus glorieuse, va mourir de la mort la plus cruelle, mort que nulle entre toutes les femmes n'a moins méritée. Quoi, celle qui n'a point souffert que son frère, gisant sans sépulture sur le champ du carnage, devînt la proie des chiens dévorants et des oiseaux, ne mérite-t-elle pas plutôt une couronne d'or ? Tels sont les propos secrets qui circulent dans l'ombre (1). »

Elle triomphe dans le cœur d'Ismène. Ismène est une jeune fille athénienne timide, craintive, douce, bonne, d'une bonté moyenne et toute humaine. Mais elle pense et aime comme sa sœur, et à l'occasion sa vertu peut s'élever à la hauteur de celle d'Antigone. A peine celle-ci a-t-elle accompli son acte d'héroïsme que, séduite par cet héroïsme comme Pauline par l'héroïsme de Polyeucte, Ismène devint héroïque à son tour. « O ma sœur, s'écrie-t-elle, ne me juge pas indigne de mourir avec toi et d'avoir purifié le mort (2). »

Elle triomphe dans la famille de Créon. Au nom de la cité et au nom de son amour qu'il dissimule habilement devant son père, Hémon se fait le défenseur d'Antigone. Ne pouvant la sauver, il va mourir près d'elle. Sa mère Eurydice ne peut lui survivre, et Créon le persécuteur n'a plus autour de lui que des cadavres.

Elle triomphe dans la personne même de Créon. Apeuré par les menaces du devin, cet autre Félix révoque l'ordre qu'il a donné et veut de sa propre main délivrer la victime glorieuse. Mais il est trop tard. Antigone a péri ; Hémon se tue devant son père ; en rentrant au palais, Créon apprend la mort d'Eurydice. Créon comprend cette fois : « Malheur, malheur à moi : ces maux dont je suis seul coupable, je n'en accuserai jamais un autre mortel. » Et Créon désespéré demande la mort.

Elle triomphe enfin de par la volonté des dieux. Cette volonté s'exprime par la bouche de Tirésias, leur inter-

---

(1) *Antig.*, 692-700.
(2) *Antig.*, 544-545.

prête officiel : « Les dieux ne veulent plus recevoir les prières du sacrifice ni la flamme des victimes. Pour te punir, ô Créon, les Erinnyes, ces ministres des enfers et du ciel, qui châtient le crime tôt ou tard, s'apprêtent à te précipiter dans les mêmes malheurs (1). »

Le triomphe est complet et éclatant. Martyre du devoir et de la conscience morale, Antigone brille radieuse avec sa couronne d'or, à l'aurore de cette ère de conflits qui va s'ouvrir pour le monde : ère de violences, ère aussi de triomphes pour la conscience morale. Tous s'inclineront devant cette glorification du devoir et la beauté idéale d'Antigone ne cessera de rayonner sur le monde des âmes.

« Ai-je respiré intacte la rose que Sophocle fit fleurir sur le sable de Bacchus ? C'est beaucoup, auprès d'une fleur, fût-elle la moins périssable, qu'un retard de vingt-trois siècles. Nous nous partageons les pétales défaits d'Antigone. Les chrétiens admirent que chez les païens une innocente soit apparue pour racheter sa race, et, s'ils lèvent leur regard du texte, ils voient Antigone au milieu des anges. Cette vierge païenne dans son rocher d'agonie est la sœur de nos religieuses qui, chaque nuit dans leurs cellules, font la réparation pour tous les coupables de l'univers (2). »

RESPONSABILITÉ MORALE

Loi morale et conscience morale impliquent responsabilité morale.

La question n'est pourtant pas aussi simple qu'elle en a l'air. Car la fatalité garde encore une place dans le théâtre de Sophocle, et l'on ne peut guère parler de responsabilité morale quand l'homme s'agite et que Dieu le mène. De plus l'idée de responsabilité est pour

---

(1) *Antig.*, 1074-1076.
(2) Maurice Barrès. *Voyage à Sparte.*

nous une idée claire mais peut-être les Grecs l'entendaient-ils autrement que nous ; une même idée peut n'avoir pas, au début d'une civilisation, le même contenu qu'après de longs siècles de réflexion philosophique.

Ainsi peut-on dire qu'Œdipe est responsable de ses crimes ? Il fait tout pour les éviter, mais la divinité l'aveugle et les oracles le trompent. Déjanire est-elle responsable de la mort d'Héraclès ? Elle voulait reconquérir son époux, non le perdre. Ajax est-il responsable de ses actes ? Il voulait tuer ses ennemis, mais la main d'Athéna a détourné ses coups sur des animaux inoffensifs.

Et pourtant Ajax se croit coupable, puisque se sentant déshonoré, il cède au désespoir et se donne la mort. Œdipe se croit coupable, puisqu'il se punit cruellement lui-même. L'exemple de Déjanire est encore plus significatif : elle comprend trop tard que le Centaure l'a trompée, ce qui ne l'empêche pas de s'accuser. Le chœur lui dit : « Mais les fautes involontaires méritent l'indulgence et à ce titre tu as droit de l'obtenir. » Elle répond : « Ce langage convient non pas au coupable, mais à celui dont la conscience n'est chargée d'aucun crime (1). » Et elle aussi se donne la mort.

Qu'est-ce à dire ? Suffit-il, pour encourir la responsabilité d'un acte, de le poser effectivement sans le poser volontairement, librement, en pleine connaissance de cause ? Il le semble bien. Le fait est qu'on considérait le meurtre, même involontaire, comme une souillure : témoin Œdipe. Souillure légale ou liturgique, si l'on veut, mais non faute morale. Que Déjanire, par exemple, ait éprouvé un vague sentiment de culpabilité morale, c'est fort contestable, cela du reste ne prouverait qu'une chose : c'est que les notions morales du temps étaient bien grossières.

Il faut réserver à une conception plus pure le nom de responsabilité morale. On sera moralement responsable, quand on saura qu'un acte est moralement bon ou

---

(1) *Trach.*, 727-730.

mauvais, et qu'on posera cet acte volontairement et librement.

Sophocle devait être amené à cette conception, d'abord par les progrès de la science et de la philosophie, et ensuite par la logique de son système dramatique. Mettant en première ligne la volonté humaine, il devait lui faire honneur de la responsabilité de ses actes.

Nous trouvons, en effet, la vraie responsabilité morale dans *Antigone* et dans *Œdipe à Colone*.

Relisons l'interrogatoire d'Antigone : « Toi qui penches la tête vers la terre, avoues-tu ou bien nies-tu avoir fait ce qu'on t'impute ? — J'affirme l'avoir fait ; je ne le nie nullement. — Savais-tu ᾔδησθα qu'un édit avait défendu de le faire ? — Je le savais Ἤιδη : pouvais-je l'ignorer ? la défense était publique. — Et cependant tu as osé transgresser cette loi (1) ? »

Dans *Œdipe à Colone*, M. Allègre voit une vraie thèse en faveur de la volonté libre et de la responsabilité qui en découle. Nous allons nous contenter de résumer sa démonstration, en lui empruntant souvent jusqu'aux termes mêmes (2).

Réhabilitation morale d'Œdipe : Œdipe cherche à se justifier, à prouver son innocence.

Le poète prépare, tout d'abord, et avec le plus grand soin, cette justification. Il nous montre Œdipe dans le bois des Euménides ; avec une hardiesse extrême, il rapproche de ces terribles divinités celui qui les a le plus gravement offensées. Que dis-je ? elles-mêmes ont guidé ses pas vers leur sanctuaire. Avant de s'adresser à la raison des spectateurs, Sophocle s'adresse à leur imagination : un homme, si bien accueilli par les Erinnyes peut-il être bien coupable ? — Sophocle nous montre ensuite Œdipe dépositaire des faveurs divines ; un homme que les dieux prennent pour confident de leurs desseins, peut-il être un maudit ? — Sophocle nous montre enfin Œdipe entouré du dévouement et de la tendresse de ses filles. Ces deux jeunes filles, si bonnes

---

(1) *Antig.*, 441-449.
(2) Allègre, *op. cit.*, p. 277 sq.

et si pures, ne couvrent-elles pas leur père de leur innocence ? Ce sont là tout autant de présomptions en faveur d'Œdipe.

Voici maintenant le plaidoyer direct. Œdipe va se justifier en soutenant que la faute morale n'existe pas chez celui qui n'a pas eu l'intention de la commettre.

Il se justifie à trois reprises différentes : dans un passage qui suit immédiatement la parodos (1) ; dans un dialogue lyrique avec le chœur (2) ; enfin dans un long discours adressé à Créon (3).

Première justification : « C'est mon nom, c'est un mot qui vous fait peur, et non pas ma personne ni mes actions. Car, ces actions, je les ai moins faites que subies. Si je pouvais parler de mon père et de ma mère — car c'est à cause d'eux que je vous épouvante — vous le verriez, j'en suis sûr. Et comment serait-ce ma nature qui est mauvaise, quand je ne faisais que rendre ce qu'on voulait me faire ; quand, si j'avais agi en sachant ce que je faisais, même alors je ne serais pas coupable ? Mais c'est sans le savoir que j'en suis venu où j'en suis venu. Ils savaient au contraire ce qu'ils me faisaient ceux qui voulaient me perdre. » Ce premier essai de justification conserve un caractère général et imparfait ; les termes restent vagues et les arguments enveloppés. On comprend vaguement qu'à l'égard de son père il invoque le principe de légitime défense ; et, à l'égard de sa mère, le crime de ceux qui lui ont imposé une récompense sacrilège. Ce n'est pas un raisonnement, mais seulement une affirmation violente, une protestation passionnée et par conséquent confuse.

Deuxième justification. — Œd. — J'ai été, ô étranger, oui, j'ai été la cause de grands malheurs. Mais, j'en atteste les dieux, je les ai voulus sans les vouloir, et dans rien de ce que j'ai fait, mon choix n'a été libre.

Le chœur. — Comment cela ?

Œd. — Couche funeste ! C'est la ville qui m'a

---

(1) *Œd. Col.*, 265-275.
(2) *Œd. Col.*, 510-549.
(3) *Œd. Col.*, 960-1013.

enchaîné à cette union fatale ; moi je ne savais rien...
J'ai reçu de la cité un présent qu'elle n'aurait pas dû me
réserver, après les services que je lui avais rendus...

Le chœur. — Tu as tué ?...

Œd. — J'ai tué. Mais le meurtre...

Le chœur. — Eh bien ?

Œd. — a une excuse.

Le chœur. — Laquelle ?

Œd. — Celle-ci : je ne savais pas qui je tuais. Je suis
pur aux yeux de la loi ; j'ai agi sans savoir. »

Dans ce morceau, on reconnaît déjà, sous la forme
dramatique et lyrique qui la voile à demi, un commencement de discussion régulière. Œdipe prend un à un tous
les griefs qui s'élèvent contre lui. Et pour les réfuter, il
s'appuie sur un principe indiscutable.

Ἤνεγκον κακότατ', ὦ ξένοι, ἤνεγκον ἑκὼν μέν, θεὸς ἴστω,
τούτων δ' αὐθαίρετον οὐδέν.

La thèse est claire, nette : Œdipe a agi ἑκών, mais
rien de ce qu'il a fait n'est αὐθαίρετον, c'est-à-dire résulté
de son libre choix (1).

Troisième justification. Aux accusations de Créon
qui lui reproche son parricide et son inceste, Œdipe
répond :

« Audacieux et impudent ! Sur qui crois-tu que
retombent tes outrages ? Sur moi, vieillard que tu injuries, ou sur toi-même ? Ta bouche a osé m'imputer des
meurtres, des unions sacrilèges, malheurs dont je ne
fus, infortuné, que la victime involontaire. Car je subissais la volonté des dieux qui avaient sans doute contre
notre race quelque ancien sujet de ressentiment. A moi
personnellement tu ne trouverais pas une seule faute à
reprocher, pour laquelle j'aie mérité d'être si funeste
aux miens et à moi-même. Dis-moi, en effet, comment
un oracle divin ayant prédit à mon père qu'il mourrait
de la main de son fils, tu pourrais avec justice m'en
faire un reproche, puisqu'alors je n'existais pas. Et
lorsque, venu au monde comme j'y vins, pour mon
malheur, je me pris de querelle avec mon père et le tuai,

(1) *Œd. Col.*, 521-522.

ne sachant en rien ce que je faisais, ni contre qui je le faisais, comment pourrais-tu raisonnablement m'accuser d'un acte qui fut involontaire ? Quant à ma mère qui est aussi ta sœur, n'as-tu pas honte, misérable, de me forcer à parler de notre hymen... Du moins je sais une chose : c'est volontairement que tu rappelles ces horreurs contre elle et contre moi, tandis que c'est sans le vouloir que je l'épousai et malgré moi que j'en parle. Mais jamais on ne dira de moi que je fus coupable, ni pour cet hymen, ni pour le meurtre de mon père, dont tu m'accuses sans cesse méchamment. Et, en effet, réponds seulement à la question que je t'adresse : suppose que quelqu'un, ici, à l'instant, se dressant devant toi, l'homme irréprochable, veuille te tuer : t'informerais-tu si celui qui veut te tuer est ton père, ou lui ferais-tu à l'instant payer son agression ? Je suppose, si tu tiens à la vie, que tu le châtierais sans t'inquiéter si tu en as le droit. Eh bien ! ce sont là les malheurs qui me sont arrivés ; ce sont les dieux qui les ont voulus et je crois que mon père lui-même, s'il revenait à la vie, n'aurait rien à m'objecter. »

Nous avons cette fois un plaidoyer véritable, un procès solennel. Créon remplit clairement son rôle d'accusateur. La cause est évoquée devant une assemblée louée pour sa prudence et présidée par un roi plein de sagesse, disons devant l'aréopage. La défense d'Œdipe est aussi directe et aussi nette que l'accusation. Ce n'est plus la passion seule qui parle, c'est surtout la raison. Œdipe prouve la moralité de ses actes : il agissait sans savoir ce qu'il faisait, et, pour son père, il invoque en plus le droit de légitime défense.

La réhabilitation morale d'Œdipe est complète. Les dieux la confirment : le dénouement est une sorte d'apothéose : il laisse entrevoir au bout de la carrière une justice réparatrice qui sait distinguer l'erreur de la faute et tenir compte à l'homme moins de ce qu'il a fait que de ce qu'il a voulu.

Le grand poète se serait donc montré ici un hardi penseur et un fin moraliste. Il aurait défini la vraie responsabilité morale.

SANCTION MORALE

On peut dire que Sophocle, sur cette question, s'en tient aux croyances communes. Quelque insuffisantes que paraissent à la raison les sanctions de la vie présente, le poète ne semble pas tourner ses regards et ses espérances vers une autre vie où la justice divine récompenserait les bons et punirait les méchants.

La sanction se réalise dans la vie présente : sanction intérieure, légale, sociale, religieuse.

La sanction intérieure, c'est la joie ou le remords de la conscience, la possession ou la perte du bonheur, fin essentielle de la vie. A l'époque de Sophocle, la vie intérieure était réduite sans doute au minimum, chez la plupart des Grecs ; aussi les personnages de Sophocle ne parlent-ils que très rarement de souffrance intime, de repentir. Ce qu'ils sentent davantage, c'est leur bonheur ou leur malheur. Œdipe cherche le meurtrier de Laïus : que lui souhaite-t-il ? le malheur. « Quant à l'auteur inconnu du crime, qu'il ait été seul ou qu'il ait eu des complices, je souhaite qu'il traîne misérablement jusqu'au bout une misérable existence (1). »

La sanction légale impose la sagesse par des peines ou récompenses proprement dites. Créon la définit clairement dans son discours du trône : « Etéocle, qui a péri en combattant pour sa patrie et qui s'est distingué par sa vaillance, je veux qu'on l'enferme dans un tombeau et qu'on lui offre les sacrifices expiatoires et les libations qui vont réjouir au fond de la tombe les morts les plus illustres, mais pour son frère Polynice, qui, chassé de son pays, n'y revint que pour livrer aux flammes la terre de ses pères et les dieux de la contrée, et qui voulut s'abreuver du sang des siens et réduire les Thébains en esclavage, j'ai fait publier dans toute la ville la défense de l'ensevelir et de le pleurer : qu'on laisse son corps sans sépulture, exposé à l'avidité des oiseaux de proie

---

(1) *Œdipe Roi*, 267-279. — Cf. aussi *Antig.*, 1025-1028 : le coupable n'est malheureux ἀνολβὲς que s'il persévère dans sa faute.

et des chiens, et horrible à voir. Telle est ma volonté. Jamais le crime n'obtiendra de moi les honneurs que mérite la vertu ; mais quiconque aura montré du zèle pour sa patrie, je l'honorerai après sa mort comme de son vivant (1). »

La sanction sociale, c'est la sanction de l'opinion. La gloire est la récompense du bien ; le déshonneur, le châtiment du mal. Nous avons vu à quel point les Grecs y étaient sensibles.

Sanction religieuse. — Il y a dans toutes les pièces de Sophocle cette idée générale que les dieux honorent les bons et frappent les méchants. « Apollon Lycien montre aux hommes quels prix les dieux réservent à l'impiété (2). » « Vois-tu donc, dit Créon, les dieux honorer les méchants ? Non cela est impossible (3) » ἢ τοὺς κακοὺς τιμῶντας εἰσορᾷς θεούς. La Némésis reste toujours chargée de châtier l'orgueil de l'homme ; et les Erinnyes sont toujours invoquées comme gardiennes vigilantes des lois du serment et de la famille et de la vie humaine. Némésis et Erinnyes sont de vraies divinités morales : dans cette antiquité, dans ces temps primitifs qui avaient surtout le respect de la force, ces divinités ont reçu mission de protéger la vie humaine, de contenir les violences dans les limites du serment et de défendre la famille, en un mot de maintenir ou de rétablir l'ordre, condition essentielle de toute société et de toute civilisation.

La sanction religieuse est donc juste en principe. En fait elle se montrait parfois cruelle et parfois capricieuse.

La fatalité pure et simple est un problème terrible pour l'esprit humain. Qu'est-ce que cette force aveugle qui entraîne l'homme irrésistiblement vers le malheur et qui l'y entraîne en l'égarant, en l'aveuglant ? Une telle puissance scandalise la conscience morale, soit dans le but qu'elle poursuit, soit dans les moyens qu'elle emploie. Œdipe n'est-il pas le jouet du destin ?

---

(1) *Antig.*, 194-210.
(2) *Electre*, 1382-1383.
(3) *Antig.*, 288.

Sophocle ne proteste pas, il constate simplement l'action de cette puissance mystérieuse sur le cours des choses humaines, action éminemment tragique. Le poëte décrit cette puissance, dont le caractère de nécessité semble un symbole anticipé du déterminisme de la nature et dont l'action cachée représente les lois inconnues de la vie. C'est une vue profonde. Ce fatum, le christianisme devait l'appeler l'action mystérieuse de Dieu sur le monde, action mystérieuse qu'il faut adorer en attendant l'heure de la comprendre.

« Retournez en mon nom, reines, je suis la Grâce.
L'homme sera toujours un nageur incertain
Dans les ondes du temps qui se mesure et passe...

De moi naîtra son souffle et sa force à jamais.
Son mérite est le mien ; sa loi perpétuelle :
Faire ce que je veux pour venir où je sais (1). »

La sanction religieuse paraît aussi parfois capricieuse. Elle frappe les bons et épargne les méchants. Philoctète dit en termes abstraits et d'autant plus énergiques : « Rien de ce qui est mauvais ne meurt, mais les dieux l'entourent de leur sollicitude. Ce qu'il y a de fourbe et de méchant, ils prennent plaisir à le ramener des enfers ; mais ce qui est juste et vertueux, il ne manque pas de l'y précipiter. Que penser de tout cela et comment y applaudir ? Je voudrais louer ce que font les dieux et je trouve les dieux injustes (2). » Le triomphe des méchants est un mystère. Seule la croyance à une vie future où tout rentrera dans l'ordre satisfait notre raison.

La justice, même strictement proportionnée au mérite ou au démérite, est-ce là tout ce que l'homme peut attendre des dieux ? Ne peut-il espérer quelque indulgence, quelque bonté ? La miséricorde ne va-t-elle point s'asseoir parfois à côté de la Diké, près du trône du Zeus ?

Il y a, dans *Œdipe à Colone* et dans *Antigone*, une

(1) A. de Vigny, *Les Destinées*.
(2) *Philoct.*, 416-452.

idée de bienveillance divine qu'il importe de remarquer. Dans *Œdipe à Colone* les Erinnyes deviennent, comme dans Eschyle, les Euménides : bien plus, elles offrent au malheureux « un asile hospitalier » et celui qui devait être le fléau de la cité en sera le génie tutélaire. Antigone oppose aux dieux d'en haut, terribles et violents, les dieux d'en bas, accueillants et pacifiques. Dans le royaume d'Hadès règnent l'équité et la clémence. Il semble qu'un idéal nouveau de douceur et d'amour commence à jeter une faible lueur à l'horizon du monde moral. Un nouveau culte se dessine avec des divinités plus secourables : Athéna, Artémis et Apollon et Dionysos (est-ce le Dionysos de l'Orphisme et des Mystères ?) (1).

Nous n'avons parlé jusqu'ici que de la sanction qui atteint le coupable en personne. Mais il est une sanction qui atteint la famille et même la cité. Un crime tel que celui des Atrides et des Labdacides rejaillit sur la race et sur la patrie de Pélops et de Labdacos. Il y a solidarité dans la faute et solidarité dans la sanction.

Sophocle, comme Eschyle, accepte, dans la légende, la loi de l'hérédité du crime. Mais tandis qu'Eschyle l'interprète en théologien et en moraliste, Sophocle l'expose plutôt en artiste. Eschyle y voyait l'expiation d'une faute originelle πρώταρχος ἄτη ; cette faute, Sophocle l'indique à peine, pour les Atrides, dans *Électre* (2) ; pour les Labdacides, dans *Œdipe à Colone* (3). Ce qui l'intéresse, c'est moins le problème moral soulevé par de telles légendes que leur intérêt dramatique. La faute originelle, cette sorte de péché originel, était une vue morale de premier ordre ; quant à la loi d'hérédité criminelle, elle ne rappelle que de loin cette loi d'hérédité mise en si vive lumière par la philosophie contemporaine.

Tout comme la famille, la cité doit expier la faute d'un de ses membres. Créon a porté un décret impie ; Tirésias vient lui dire : « Si la ville souffre, c'est ta

(1) *Œdipe Roi*, 151 sq.
(2) *Électre*, 504-515.
(3) *Œd. Col.*, 964-965.

résolution qui en est la cause, car tous nos autels, tous nos foyers sont remplis de lambeaux arrachés par les chiens et par les oiseaux au cadavre du malheureux fils d'Œdipe. Et puis les dieux ne veulent plus recevoir de nous les prières du sacrifice ni la flamme des victimes... Songe à cela, mon fils, car l'erreur est commune à tous les mortels : mais l'homme qui s'est trompé n'est ni insensé, ni malheureux, s'il répare sa faute au lieu de s'entêter. L'entêtement est sottise (1). »

Mais il faut lire surtout l'émouvante description qui ouvre la tragédie d'*Œdipe Roi* :

« *Œd.* — O mes enfants, jeune postérité de l'antique Cadmos, pourquoi vous trouvé-je dans cette attitude, avec ces rameaux entourés de bandelettes ? Dans toute la ville fume l'encens des sacrifices : ce ne sont partout que pæans et lamentations... »

Le grand prêtre : « O toi qui règnes sur ma patrie, Œdipe, tu vois des suppliants de tout âge prosternés devant tes autels domestiques ; des enfants incapables encore de fournir une longue marche ; des prêtres appesantis par l'âge ; l'élite de la jeunesse ; et moi, pontife de Zeus ; le reste du peuple, avec les insignes des suppliants, est assis dans les places publiques, devant les deux temples de Pallas, ou près de la cendre prophétique d'Isménos. Car la ville, comme tu le vois toi-même, est depuis longtemps déjà battue par l'orage et ne peut plus lever la tête au-dessus des flots ensanglantés qui la submergent. Les fruits de la terre y périssent dans leurs germes ; les troupeaux de bœufs dans leurs pâturages, les enfants dans le sein de leur mère. Une divinité armée de feux, la peste odieuse a fondu sur notre ville, ravageant et dépeuplant la cité de Cadmos ; et le noir Hadès s'enrichit de nos gémissements et de nos larmes (2). »

Œdipe a envoyé Créon à Delphes, au temple d'Apollon, afin d'apprendre ce qu'il doit faire ou dire pour sauver cette ville.

(1) *Antig.*, 1015-1028.
(2) *Œd. Roi*, 1-30.

Créon. — Je dirai ce que le Dieu m'a répondu. Apollon nous ordonne expressément de débarrasser le pays d'une souillure μίασμα dont la contagion infecte cette terre et de ne pas entretenir un mal qui deviendrait irréparable.

Œd. — Quelle est la nature de ce fléau et comment nous purifier ?

Créon. — En bannissant un coupable, ou en expiant un meurtre par un meurtre, car c'est le sang versé qui cause les malheurs de cette ville ὡς τόδ' αἷμα χειμάζον πόλιν (1). »

Nous sommes en présence de cas très remarquables de solidarité sociale et humaine, cas de « réversibilité de démérites » si l'on peut ainsi parler. Il se cache là une idée philosophique très profonde. Que d'influences sociales peuvent avoir contribué et ont sûrement contribué, sinon à l'exécution, du moins à la préparation d'un grand crime : éducation, doctrines, exemples... La cité est un corps qui souffre du mal de l'un de ses membres, et qui en souffre justement, dans la mesure de sa coopération à ce mal.

« Tel est, croyons-nous, écrit M. Dunan, le sens de cette vérité fondamentale, vérité de raison et vérité de fait, qui se nomme la solidarité morale.

« Nous sommes uns parce que la nature est une, uns dans la vie morale comme dans la vie physique. C'est pourquoi, sans qu'il soit possible de mériter ni de pécher pour d'autres, nous avons sur les autres êtres un pouvoir de salut ou de perdition d'autant plus grand que nous-mêmes occupons un rang plus élevé dans la hiérarchie des êtres (2). »

Résumons ce que nous pourrions appeler la morale générale de Sophocle. L'homme, intelligent et libre, trouve dans la conscience commune et dans la conscience individuelle, sa loi morale. Cette loi est avant tout une loi de justice ; elle tend à procurer le bonheur en établissant l'ordre, l'harmonie dans l'individu, dans

---

(1) *Œd. Roi*, 95-101.
(2) Dunan, *Essais de philosophie générale*, p. 711.

la famille, dans la cité, dans la religion. C'est ce que nous allons mettre en lumière, en exposant les devoirs individuels, domestiques, civiques et religieux. Nous ne parlons pas des devoirs sociaux proprement dits, parce que nous devrions répéter ce que nous avons déjà dit à propos du troisième et du quatrième principe d'action, et parce qu'il n'y a pas dans Sophocle de véritable morale sociale.

En étudiant la réalisation de l'idéal de justice, nous n'oublierons pas qu'il s'achève parfois en un idéal de bonté ; aussi, à l'occasion, signalerons-nous avec soin la part d'amour qui peut se manifester soit dans la vie individuelle, soit dans la vie collective.

2ᵉ Partie. — Les Devoirs.

MORALE INDIVIDUELLE

Le devoir personnel que la loi de justice impose à chaque homme, c'est l'ordre et l'harmonie des facultés. Dans le monde de l'âme, la volonté est reine, volonté éclairée par l'intelligence ; la servante ou l'esclave, c'est la sensibilité.

Volonté

Ajax veut mourir pour échapper au déshonneur. Electre veut venger son père. Philoctète veut haïr ses ennemis et ne leur céder jamais. Déjanire veut reconquérir le cœur de son époux. Œdipe Roi veut connaître le meurtrier de Laïus. Œdipe à Colone veut accomplir la destinée que lui marque l'oracle d'Apollon. Antigone veut ensevelir Polynice, au péril de sa vie. Cette volonté s'affirme dès le début de la pièce, elle s'affirme même avec passion : nous l'avons vu, par exemple, pour Ajax et Antigone. Puis la passion tombe peu à peu et la volonté se dégage, pure désormais de tout mélange, et se pose ferme et constante au regard de la raison, « volonté raisonnable et réfléchie, celle qui fait l'homme et qui l'honore alors même qu'elle le perd ». Cette volonté sort victorieuse de tous les assauts qu'on lui livre et atteint le but qu'elle s'était proposée.

Elle s'élève souvent jusqu'à l'héroïsme : ainsi Antigone sacrifie sa vie à son devoir. Parfois cet héroïsme ne va pas sans quelque dureté. Les personnages de Sophocle ont conscience de cette dureté : Electre s'en excuse à plusieurs reprises. « J'ai cédé, dit-elle, à l'excès de mes maux ; je le sais, j'ai conscience de mes emportements : ἔξοιδ', οὐ λάθει μ' ὀργά (1) ».

« Oh ! sache bien que j'ai honte d'agir ainsi, quoique tu croies le contraire ; je comprends combien peu ce que je fais sied à mon âge et à mon sexe (2). » Electre meurtrit l'âme tendre de Chrysothémis, comme Antigone celle d'Ismène ; et Antigone paraît d'autant plus sévère, qu'Ismène, plus aimante et plus généreuse que Chrysothémis, s'offre d'elle-même à partager la faute et la punition de sa sœur.

Si l'énergie de la volonté peut atteindre ce degré de tension, elle peut aussi faiblir et éprouver comme une défaillance passagère. Héraclès pleure comme Antigone. « La puissance de la volonté, dit excellemment M. Croiset, est telle chez tous ces personnages qu'ils n'ont pas besoin de surveiller leur attitude pour maintenir leur décision. Celle-ci veille dans ce profond sanctuaire de l'âme où rien du dehors ne peut entrer ; mais, sûre d'elle-même et de sa fin, elle laisse la nature pleurer à l'aise et s'attendrir sans fausse honte, d'autant plus grande en définitive qu'elle est plus humaine (3). »

Intelligence

La volonté fonctionne à la lumière de l'intelligence la plus lucide. Ajax se donne à lui-même les meilleures raisons du monde de ne pas survivre à son déshonneur, négligeant du reste, en bon avocat, les raisons de la partie adverse. Quand il a fixé son but, le héros de Sophocle excelle dans la combinaison des moyens. Ajax feint de céder et va mourir dans un coin solitaire. Tous ces personnages sont extrêmement intelligents : ils raisonnent, ils argumentent, les fils comme les pères. « Mon père, dit Hémon, de tous les biens que les dieux donnent aux hommes, la raison est le plus précieux. Pour

---

(1) *Electre*, 221-222.
(2) *Electre*, 616-618.
(3) *Histoire de la littérature grecque*, III, p. 261.

moi, je ne pourrais et à Dieu ne plaise que je sache dire que tu n'as pas bien parlé ; toutefois un autre langage serait peut-être sage aussi. Un homme, fût-il sage, ne doit pas rougir de s'instruire... Si malgré mon âge, je suis capable de donner un bon avis, je soutiens que rien n'est plus beau pour l'homme que de posséder toute science ; sinon, car il n'en va pas ainsi d'ordinaire, il est beau d'écouter de sages conseils (1). »

Les Grecs sont si intelligents qu'ils regardent la faute morale, moins comme un péché de la volonté que comme une erreur de l'intelligence. La vertu, diront Socrate et Platon, c'est la science du bien. « Se tromper dit Térésias à Créon, est chose commune à tous les hommes ; mais l'homme qui s'est trompé n'est ni insensé ni malheureux, s'il répare sa faute, au lieu de s'obstiner. L'entêtement est sottise (2). » La faute est une sottise, voilà le mot.

Les Grecs enfin sont si intelligents qu'ils se jouent de la vérité. Ils cultivent la ruse et le mensonge. Aux temps primitifs de la Grèce, la ruse était à la fois « une arme et une jouissance. Tous en usent dans toutes les situations. Non seulement le faible trompe le fort, ce qui peut paraître à la rigueur excusable comme moyen d'égaliser la lutte ; mais le fort trompe le faible. Bien plus, on trompe sans nécessité et sans profit, pour la satisfaction de tromper (3) » : on ment pour l'amour de l'art. La ruse a son type légendaire, Ulysse πολύμητις, et son protecteur divin attitré, Hermès. Apollon lui-même ordonne à Oreste de venger son père par la ruse δόλοισι.

Mais, au temps de Sophocle, la vérité reprend ses droits ; elle s'impose au respect de l'homme. Le poète a eu le mérite, dans la tragédie de *Philoctète*, de mettre aux prises la ruse et la vérité et d'assurer la victoire à la vérité. La vérité triomphe dans la personne de Néoptolème.

---

(1) *Antig.*, 683 sq.
(2) *Antig.*, 1024-1028.
(3) J. Girard, *Le sentiment religieux en Grèce*, in-12, p. 92-93.

On peut distinguer trois phases de cette lutte éminemment morale : la tentation, la chute, le relèvement moral de Néoptolème.

« *Ulysse.* — Fils d'Achille, il faut, dans l'affaire pour laquelle tu es venu, montrer du cœur et non pas seulement de la force physique ; il faut encore, si je tiens un langage autre que celui que tu as entendu jusqu'à ce jour, me prêter ton ministère, puisque tu es ici pour me seconder.

Néopt. — Que m'ordonnes-tu donc ?

Ulysse. — Il faut par tes paroles abuser Philoctète... Il faut user d'adresse σοφισθῆναι pour lui dérober ses armes invincibles. Je sais, mon fils, que tu n'es pas né pour dire ni pour pratiquer de telles impostures ; mais le prix de la victoire est doux à obtenir. Ose ; nous nous montrerons justes une autre fois. Maintenant abandonne-toi à moi et abjure toute pudeur pour une faible portion du jour, et tu jouiras ensuite à jamais du renom du plus religieux des mortels (1). »

Quelle habileté ; Ulysse cherche à endormir les scrupules du jeune homme. Une petite ruse d'un instant, la belle peccadille ! et, comme récompense, une gloire immortelle !

Mais, à ce discours, la conscience de Néoptolème se révolte d'instinct. « Fils de Laërte, s'écrie-t-il, ce que je souffre d'entendre, j'ai horreur de l'exécuter ; car nous ne sommes pas nés pour agir par des moyens honteux, ni moi ni le héros qui m'a engendré. Je suis prêt à emmener Philoctète par la force mais non par la ruse καὶ μὴ δόλοισιν... Il me répugne de mériter le nom de traître ; mais j'aime mieux, prince, échouer par des voies honorables que de réussir par le mensonge (2). »

Malheureusement, après ce beau mouvement d'indignation, Néoptolème discute. Quand on parlemente avec le tentateur, on est bien prêt de succomber à la tentation. Ulysse fait miroiter devant les yeux du fils d'Achille les plus belles promesses de gloire. « Tu ren-

(1) *Philoct.*, 50-sq.
(2) *Philoct.*, 86-95.

verseras Troie, tu obtiendras à la fois le renom d'un homme habile et courageux. » Néoptolème se laisse séduire : « Allons, j'agirai, écartant tout sentiment de honte. »

Et il agit en perfection. A l'instant ce novice est passé maître dans l'art de mentir. Il ment avec une ardeur toute juvénile. Sa faute est d'autant plus grave qu'il trompe un malheureux. Après avoir raconté à Philoctète l'histoire la plus mensongère, il feint de vouloir partir au plus vite, afin que Philoctète demande à le suivre. Sur ces entrefaites, arrive un émissaire d'Ulysse. Néoptolème comprend vite cette nouvelle ruse et la seconde avec une adresse incomparable. Décidément ce jeune Grec a des aptitudes remarquables pour le mensonge. Ulysse peut être fier de son élève.

Cependant Philoctète, pleinement abusé, donne à celui qu'il regarde comme son ami, toute sa confiance. Une crise de son mal survenant, il lui confie son arc et ses flèches et pousse la délicatesse jusqu'à ne vouloir point le lier par un serment.

Philoctète s'endort. Néoptolème tient l'arc entre ses mains. Pourquoi ne retourne-t-il pas vers Ulysse ? Il hésite ; quand Philoctète s'éveille, il prononce des paroles embarrassées. C'est que, devant tant de confiance et de bonne foi unie à tant d'infortune, le remords est entré dans l'âme du noble fils d'Achille. Et alors il avoue sa faute. Reconnaître et confesser sa faute c'est la première étape dans la voie du bien.

Néoptolème n'a pas encore rendu l'arc : pour le garder il invoque le devoir et l'intérêt. Devant le désespoir de Philoctète, le voilà qui se trouble de nouveau, lorsque survient Ulysse. Ulysse impose sa volonté ; Philoctète proteste ; Néoptolème se tait, il subit encore l'ascendant d'Ulysse, et bientôt il part vers le vaisseau, emportant l'arc et les flèches. Il espère que Philoctète suivra, et, dans cet espoir, il laisse près de lui ses matelots. Mais vain espoir : Philoctète désespéré se réfugie dans sa grotte.

Au même moment, on voit revenir Ulysse et Néoptolème. Le remords a fait son œuvre : le coupable vient réparer sa faute. Son adversaire a beau l'accabler de reproches et de menaces : fort du témoignage de sa conscience, Néoptolème soutient énergiquement la cause de la vérité. Il brave même celui qu'il a tant redouté. C'est la scène capitale : nous assistons à une lutte dramatique, à une sorte de duel entre la ruse et l'amour de la vérité. Néoptolème rend son arc à Philoctète. C'est la seconde étape.

Il reste une dernière ruse à expier. Néoptolème presse Philoctète de venir à Troie, où l'attend la gloire, et qui plus est, la guérison. Philoctète lui répond : « Laisse-moi souffrir les maux qu'il faut que je souffre. Mais la promesse que tu m'as faite de me conduire dans ma patrie, songe à la tenir, mon enfant (1). » Eh quoi ! Tenir une promesse faite par ruse, une promesse si peu sincère qu'elle est même oubliée ! Tenir une promesse qui risque d'attirer sur lui et sur son pays, de la part des Grecs irrités, les plus terribles représailles ! Mais, s'il ne la tient pas, la ruse aura sa victoire. Néoptolème n'hésite plus : « Marchons dit-il, si tu veux. Suis-moi donc après avoir baisé cette terre. » C'est la dernière étape.

Cette fois la vérité triomphe sans réserve. C'est un grand progrès moral que Sophocle enregistre et glorifie et, ce faisant, il a bien mérité de la vertu, de cette vertu intellectuelle qui se nomme le culte de la vérité.

Sensibilité

Dans une âme bien organisée, la volonté doit maîtriser, discipliner, faire rentrer dans l'ordre les puissances instinctives qui, des profondeurs de l'être, tendent parfois à s'insurger et à imposer à l'homme une domination tyrannique et aveugle. « Garde-toi, mon fils, dit Créon, d'abdiquer ta raison pour satisfaire une passion (2). » L'homme doit en toute circonstance rester maître de lui.

---

(1) *Philoctète*, 1337-1339.
(2) *Antig.*, 648.

Admirons, chez les héros de Sophocle, cette maîtrise de soi en face de la mort, de la souffrance physique, de la douleur morale, des passions, de l'amour même.

Les Grecs ont aimé la vie, plus que personne au monde : ils ont aimé la lumière, la nature, la gloire et la prospérité. La pâle existence d'ombres sans consistance dans le royaume d'Hadès devait médiocrement les attirer. Ils connaissaient la plainte mélancolique d'Achille : « J'aimerais mieux servir comme valet de charrue chez un autre, chez un homme sans héritage et sans grands moyens d'existence, plutôt que de régner sur tous les morts (1). » Aussi, quand l'heure de mourir approche, les héros de Sophocle s'émeuvent : Ajax et Antigone jettent un long et triste adieu au soleil et à la vie : ὦ τύμβος, ὦ νυμφεῖον... Mais la volonté domine cette émotion si naturelle et le héros accomplit bravement son devoir.

La nature se révolte aussi contre la souffrance physique. Héraclès et Philoctète appellent la mort comme une délivrance. Héraclès « pleure comme une jeune fille ». Mais l'énergie de la volonté surmonte la violence du mal. Avec un calme et un courage admirable, Héraclès fait les apprêts de sa mort et dicte à son fils ses volontés dernières. Puis il se lève, en disant : « Allons, ô mon âme endurcie à la peine, avant que ce mal terrible se réveille, mets à ma bouche un solide frein d'acier, pour arrêter mes cris dans cette épreuve dernière que je subis avec joie (2). »

« Philoctète cache avec soin les premières atteintes de son mal, fait effort pour retenir ou expliquer les exclamations, les gémissements qu'il lui arrache, retarde le plus qu'il peut le moment fatal où il faudra enfin céder à sa violence. Ce moment venu, au milieu d'intolérables tourments qui lui font souhaiter et demander la mort, échappant par intervalles aux angoisses de ses sens et au trouble de son esprit, il retrouve la force de s'occuper du grand intérêt qui le touche. Il

---

(1) *Odyssée*, XI, 489-491.
(2) *Trach.*, 1259-1263.

confie à Néoptolème son arc et ses flèches, lui recommandant de les défendre, le conjurant de ne point l'abandonner (1). » Il ne veut même pas le lier par un serment ; et à la fin de la pièce, plutôt que d'oublier l'injustice de ses malheurs, il préfère renoncer à la guérison de ses maux.

Les Grecs qui représentaient avec un puissant réalisme la douleur physique avaient soin de l'idéaliser en s'élevant du corps à l'esprit, en soumettant les spasmes de la souffrance à la fermeté de la volonté morale. « Tel le *Philoctète* de Sophocle où se combinent, avec un art merveilleux, les émotions morales et les souffrances matérielles, où elles se font pour ainsi dire équilibre les unes aux autres ; et c'est dans cet équilibre que consiste la beauté de Philoctète. Jamais le genre de pitié que nous inspirent ses souffrances, jamais cette pitié que j'appellerais volontiers la pitié du corps, n'en est poussée trop loin, parce qu'elle est relevée et remplacée à propos par une autre pitié plus douce et plus noble, celle de l'âme, celle que nous inspire ses émotions de joie et de reconnaissance et même sa colère et sa haine (2). »

Plus noble est encore l'attitude des héros ou plutôt des héroïnes de Sophocle en face de la douleur morale. Tecmesse, par une sorte de divination du cœur, découvre, la première, le cadavre d'Ajax. Elle éclate en sanglots, mais elle se ressaisit pour rendre au malheureux les premiers devoirs. Elle trouve même le courage de vanter le beau geste d'Ajax. Puis, quand Teucer est arrivé, elle s'éloigne. Bientôt elle reparaîtra, mais silencieuse et drapée dans sa douleur.

On dit que les grandes douleurs sont muettes. Au seul pressentiment ou à l'annonce d'un affreux malheur, Jocaste, Eurydice, Déjanire, se retirent en silence et ce silence témoigne d'une volonté qui dompte la douleur et l'empêche, par noble pudeur, de se produire en public.

---

(1) Patin, *Sophocle*, 116.
(2) Saint-Marc-Girardin, *Cours de littérature dramatique*, I, 48.

« *Le chœur.* — Que faut-il augurer ? La reine (Eurydice) a disparu sans avoir dit une seule parole, bonne ou mauvaise.

Le messager. — J'en suis étonné comme toi. Mais j'aime à croire qu'en apprenant le malheur de son fils, elle n'aura pas voulu gémir en présence de la cité ; mais se renfermant dans son palais, elle va prescrire à ses femmes de pleurer avec elle son deuil domestique (1). »

Ce silence, « le silence de Déjanire, de Jocaste, d'Eurydice (et aussi de Tecmesse), était dans la poésie ce que fut, dans la peinture, le voile jeté sur le visage d'Agamemnon par le peintre du sacrifice d'Iphigénie (2). » La douleur antique se voilait pour pleurer.

Plus encore que la douleur, la passion bouleverse l'âme humaine. Voyez la colère, celle d'un Créon ou d'un Œdipe : ἐκβάλλει, elle met l'homme hors de lui. Tisérias traite avec dédain la colère d'Œdipe. Hémon dit à son père : « Vois ces arbres qui croissent sur les bords des torrents grossis par les orages : ceux qui cèdent conservent leurs rameaux, mais celui qui résiste est déraciné et périt. De même le pilote qui tend la voile avec force et tient tête au vent, voit bientôt son vaisseau renversé et vogue désormais sur ses débris. Calme donc ta colère et laisse-toi fléchir (3). »

Voyez aussi l'amour, non pas seulement l'amour-passion, mais même l'amour-sentiment. L'amour-passion, que les Latins nomment *furor*, torrent dévastateur auquel rien ne résiste, nous le trouvons décrit dans un couplet de Déjanire (4) et dans un chœur d'Antigone (5). Le poète signale sa puissance irrésistible, comme celle d'une loi de la nature ; mais que ses effets sont funestes ! « Eros, tu entraînes à l'injustice, pour leur malheur, les cœurs des justes :

---

(1) *Antig.*, 1244-1249.
(2) Patin, *Sophocle*, p. 273.
(3) *Antig.*, 712-718.
(4) *Trach.*, 441 sq.
(5) *Antig.*, 781-800.

Σὺ καὶ δικαίων ἀδίκους
φρένας παρασπᾷς ἐπὶ λώβᾳ. »

L'amour-sentiment lui-même se dissimule presque comme une faiblesse, même quand c'est l'amour de deux fiancés tels qu'Hémon et Antigone. Hémon aborde son père en ces termes : « Jamais hymen n'aura assez de prix à mes yeux pour que je le préfère à ta sage direction(1). » Lorsque Créon l'appelle l'esclave d'une femme, on dirait qu'Hémon sent le besoin de se justifier. Son amour d'ailleurs fait de lui le défenseur de la plus sainte des causes : l'amour devient alors non l'ennemi mais l'auxiliaire même de la volonté. Antigone, elle, dans les régions sublimes où plane son âme, semble oublier ce sentiment terrestre ; aucun mot ne le révèle. Peut-être, dans ses adieux à la vie, sa pensée évoque-t-elle l'image de son fiancé, mais aucun nom n'effleure ses lèvres. Son amour s'efface devant son devoir.

Ainsi donc dans l'individu, les facultés se hiérarchisent suivant leur valeur rationnelle et nulle agitation du dehors ni du dedans ne vient détruire leur belle harmonie. La grande vertu personnelle, c'est la sagesse, vertu essentiellement ordonnatrice. « Il n'est pas pour les hommes d'avantage plus précieux à acquérir que la prudence et la sagesse (2). »

MORALE DE LA FAMILLE

L'antiquité grecque eut au plus haut degré le culte de la famille. « Ce qui unit les membres de la famille antique, c'est quelque chose de plus puissant que la naissance, que le sentiment, que la force physique : c'est la religion du foyer et des ancêtres. Elle fait que la famille forme un corps dans cette vie et dans l'autre.

(1) *Antig.*, 637-638.
(2) *Electre*, 1015-1016.

La famille antique est une association religieuse plus qu'une association de nature (1). » D'après Fustel de Coulanges, c'est le culte des morts, des ancêtres défunts, qui aurait imposé à la famille son mode d'existence et la nécessité même de cette existence : car seule la famille pouvait rendre aux ancêtres les honneurs qui leur sont dus.

Culte des ancêtres

La piété envers les morts, cette piété que nous trouvons si naturelle, si douce et si noble, il est beau que, dans ces temps primitifs de mœurs plutôt grossières, les croyances religieuses l'aient dictée à la famille, non seulement comme un simple devoir, mais comme sa primordiale raison d'être. La famille est une dans le passé comme dans l'avenir : la mort appelle la vie dans une série ininterrompue de générations dont la source ne saurait tarir. C'est la loi que les morts imposent aux survivants comme une dette sacrée.

Le premier devoir est d'ensevelir le mort. Car tant que la terre ne recouvre pas son corps, son âme erre, malheureuse exilée, et, lasse de souffrir, elle ose à son tour faire souffrir ceux qui l'abandonnent. Les héros qui vont mourir ne redoutent rien tant que de rester sans sépulture, « livrés en proie aux chiens et aux vautours ». La plus terrible punition que Créon puisse infliger à Polynice, la plus terrible vengeance que les Atrides puissent tirer d'Ajax, c'est de les priver de sépulture. Ils poursuivent ainsi leur ennemi jusqu'au delà de la tombe, le tourmentant par un supplice sans fin. Mais aussi en face du despotisme, se dresse la piété familiale. Teucer jure d'ensevelir son frère, et Antigone mourra « saintement criminelle ». Il est à remarquer que, sur sept pièces de Sophocle qui nous restent, il en est deux qui traitent ce sujet : toute la tragédie d'*Antigone* et la seconde moitié de celle d'*Ajax*. Un débat des

---

(1) Fustel de Coulanges, *La cité antique*, in 12, p. 40-41.

plus émouvants s'engage près de la dépouille mortelle d'Ajax : parents et ennemis se disputent un cadavre. Les ennemis sont puissants, mais les parents font à leur défunt un rempart de leur corps. Est-il scène plus touchante que celle d'Eurysacès défendant, par sa seule faiblesse, son malheureux père ? « Enfant, lui dit Teucer, approche et touche en suppliant le corps de celui qui t'a engendré ; demeure les yeux attachés sur lui, tenant dans tes mains mes cheveux, ceux de ta mère et les tiens ; ce sera notre trésor de suppliants. Si quelqu'un dans l'armée usait de violence pour te séparer de ce cadavre, que le misérable, chassé de sa patrie, gise misérablement sans sépulture, et que toute sa race soit tranchée dans sa racine, comme cette boucle que je te coupe. Tiens ton père, enfant, garde-le, que personne ne t'en sépare, et demeure prosterné près de lui (1). » La lutte se poursuit âpre des deux côtés, et il faut qu'Ulysse intervienne pour réclamer au nom de la justice, au nom des lois des dieux, au nom de l'égalité commune devant la mort, la sépulture du héros.

La sépulture, ce sont les parents seuls qui doivent l'accomplir et suivant des rites déterminés. Ulysse méritait bien de prendre part à la cérémonie funèbre : mais c'était un étranger, un ancien ennemi. « Je n'ose lui dit Teucer, te laisser mettre la main à ce tombeau de peur de déplaire au mort ; pour tout le reste, associe-toi à nous (2). » Antigone recouvre de son mieux le corps de Polynice, et verse sur lui une triple libation : que n'a-t-elle pu faire pour son frère ce qu'elle fit pour tous les siens. « Après votre trépas, dit-elle, je vous ai lavés de mes propres mains, je vous ai parés, je vous ai offert les libations funéraires (3). » Electre pleure de n'avoir pu rendre à Oreste les derniers honneurs et elle gémit à la pensée que des mains étrangères ont accompli ce pieux devoir réservé à la famille.

Le mort vit dans le tombeau. Son âme demi-maté-

---

(1) *Ajax*, 1171-1181.
(2) *Ajax*, 1393-1396.
(3) *Antig.*, 900-902.

rielle demeure unie à son corps : elle vit d'une vie obscure. La famille, et la famille seule, doit apporter au mort sa nourriture. Oreste, à son retour d'exil, verse des flots de lait sur la tombe de son père. Chrysothémis est chargée par sa mère de répandre aussi des libations ; mais Electre l'arrête : « Garde-toi, chère sœur, de déposer sur le tombeau aucune des offrandes que tu tiens dans tes mains ; car il n'est ni juste ni pieux de porter à mon père ces dons et ces libations d'une femme abhorrée. Jette-les plutôt au vent ou cache-les profondément dans le sable, pour qu'ils ne pénètrent jamais jusqu'à la couche funèbre de mon père (1). » L'épouse coupable n'a donc point le droit d'offrir des libations. Seuls les enfants pieux et fidèles demeurent unis à leur père. Ils ajoutent aux libations les offrandes de l'affection filiale : Electre et Chrysothémis, des boucles de leurs cheveux ; Oreste, des guirlandes de fleurs.

Du fond de la tombe, le mort guette ses ennemis. Il est puissant, on l'invoque. Electre dit à sa sœur : « Tombe à genoux et implore sa bienveillance (d'Agamemnon) ; qu'il vienne du sein de la terre nous secourir contre nos ennemis ; que son fils Oreste, encore vivant, les renverse d'un bras victorieux et les foule aux pieds, afin que nos mains lui fassent à l'avenir de plus riches offrandes qu'aujourd'hui (2). »

« Il y avait donc un échange perpétuel de bons offices entre les vivants et les morts de chaque famille. L'ancêtre recevait de ses descendants la série des repas funèbres, c'est-à-dire les seules jouissances qu'il pût avoir dans sa seconde vie. Le descendant recevait de l'ancêtre l'aide et la force dont il avait besoin dans celle-ci. Le vivant ne pouvait se passer du mort ni le mort du vivant. Par là un lien puissant s'établissait entre toutes les générations d'une même famille et en faisait un corps éternellement inséparable (3). »

D'Homère à Sophocle, le culte des morts n'a guère

---

(1) *Electre*, 431-436.
(2) *Electre*, 453-458.
(3) Fustel de Coulanges, *op. cit.*, p. 31.

varié. C'est toujours la même piété plutôt religieuse et cultuelle qu'humaine et affectueuse. Antigone y ajoute une note attendrie : elle soupire vers ceux qu'elle a perdus et rêve de les retrouver au delà de la tombe. « Je reposerai, dit-elle, auprès de Polynice, amie auprès d'un ami, après avoir été pieusement criminelle : j'ai plus longtemps à plaire à ceux qui sont sous la terre qu'à ceux qui sont ici : car c'est là que je reposerai éternellement (1). » « La dernière de toutes et de beaucoup la plus malheureuse, je descends dans la tombe, avant d'avoir joui de ma part de vie ; mais en y descendant je nourris l'espoir d'être accueillie tendrement par mon père, tendrement aussi par toi, ma mère, et par toi, mon frère chéri (2). » Il faut savoir gré à Sophocle d'avoir exprimé cette pensée si douce et si consolante : car « sous des formes diverses, vivra toujours au fond du cœur de l'homme le sentiment qui étend au delà du tombeau nos meilleures affections. »

Plongeant dans le passé par des racines si vivaces, la famille se développe, fortement constituée, remarquable à la fois par la fermeté de sa discipline et la richesse de ses sentiments. La famille grecque, comme la famille romaine, se fonde sur l'autorité du père et le respect des enfants, et réalise ainsi l'idéal de justice. Mais la famille grecque est supérieure à la famille romaine par le libre jeu des sentiments : l'amour y tient une large place, amour conjugal, paternel, filial, fraternel : il y a, dans Sophocle, des trésors de tendresse familiale.

Amour conjugal

Nous prendrons comme modèles Tecmesse et Déjanire.

Tecmesse est une captive qu'Ajax « honore et chérit à l'égal d'une épouse ». Elle a gardé, dans le malheur,

---

(1) *Antig.*, 73-76.
(2) *Antig.*, 895-899.

sa noblesse native, et conquis, par son amour pénétré de respect et de reconnaissance, l'estime et l'amour d'un héros. Elle est mère, nouvelle dignité qui la relève encore et la grandit à tous les yeux.

Folie d'Ajax, désespoir d'Ajax, mort d'Ajax ; autant d'épreuves qui font jaillir de l'âme de Tecmesse les plus beaux sentiments.

Quand Ajax s'est élancé, la nuit, hors de sa tente, elle a voulu le retenir. Elle avoue elle-même, avec une douloureuse résignation, qu'elle n'a point réussi. La folie de celui qu'elle aime lui cause une amère douleur : et c'est elle qui doit raconter à Ajax ses actes de folie. Quel supplice pour elle : à mesure qu'elle parle, le héros gémit sourdement et ses gémissements brisent le cœur de Tecmesse. Elle a comme le pressentiment d'un malheur, et elle vient supplier le chœur de secourir le malheureux Ajax.

Celui-ci paraît : le spectacle de son désespoir la blesse dans son amour et sa fierté. « Ajax, mon maître, soupire-t-elle, ne parle pas ainsi... Malheureuse que je suis ! Faut-il que ce noble héros tienne un pareil langage dont naguère il aurait rougi ! »

Bientôt les tristes pressentiments de Tecmesse se confirment et se précisent. Alors elle s'avance vers son maître ; elle veut le sauver à tout prix. « Ajax, ô mon maître, dit-elle, il n'est pas de pire mal pour les hommes que la servitude. J'étais née d'un père libre et puissant, s'il en fut, entre les Phrygiens, par son opulence ; aujourd'hui, je suis esclave, car les dieux et surtout ton bras l'ont ainsi décidé. Aussi, depuis que j'ai partagé ta couche, je te suis dévouée comme il convient. Au nom de Zeus, protecteur du foyer, au nom de notre union, ne m'expose pas, je t'en conjure, aux propos méchants de tes ennemis, en me livrant comme esclave à leur discrétion. Si tu meurs et que par ta mort tu m'abandonnes, songe que, le jour même, entraînée de force par les Grecs, je mangerai avec ton fils le pain de l'esclavage. Et l'un de ces maîtres, insultant à mon malheur, dira ces paroles amères : « Voyez l'épouse d'Ajax, du plus vaillant des Grecs, voyez contre quelle

servitude elle a échangé un sort si digne d'envie. »
Voilà ce qu'il dira ; moi, je subirai la rigueur du destin ;
mais toi et ta race vous serez déshonorés par ce langage.
Eh bien ! crains d'abandonner ton père en proie à la
triste vieillesse et ta mère chargée d'ans, qui supplie
souvent les dieux de te ramener vivant dans sa demeure.
Prends pitié, prince, de ton fils, qui, privé des soins dus
à l'enfance, vivra séparé de toi, sous une dure tutelle :
quelle misère tu nous prépares à lui et à moi, si tu meurs !
Car, je n'ai plus personne, toi excepté, sur qui je
puisse jeter les yeux. Ta lance a ruiné ma patrie ;
d'autre part, la Moira a frappé ma mère et mon père
morts aujourd'hui et habitants de l'Hadès. Qui pourrait,
à ta place, me tenir lieu de patrie et de biens ? Mon
seul refuge est en toi. Songe aussi à moi : l'homme doit
garder le souvenir de ce qui a pu lui plaire, car un bon
office engendre toujours la reconnaissance. Quiconque
perd la mémoire d'un bienfait ne saurait passer pour
un homme de cœur (1) ! »

Que cette supplication est pathétique ! Tecmesse évoque le souvenir du vieux père et de la vieille mère d'Ajax, le souvenir aussi de son fils. Mais, pour toucher le héros, c'est d'elle-même surtout qu'elle lui parle, et son cœur est ingénieux à découvrir les raisons les plus saisissantes. Elle fait entrevoir à Ajax le triste sort qui l'attend, elle et son fils, elle surtout. Elle le conjure de ne point l'abandonner, d'abord par sentiment d'honneur, ensuite par sentiment de reconnaissance. Que leur amour et leur bonheur passé plaident pour elle ! Il faut remarquer ici cette idée nouvelle et très élevée « que l'amour affranchit, ennoblit, et crée un droit nouveau pour celui qui le donne ou qui l'inspire ».

Ajax semble touché ; alors, pour la première fois, Tecmesse ose prononcer ce mot qu'on attendait toujours : « O mon cher Ajax ! » Puis, entre le père et la mère d'Eurysacès s'engage ce beau dialogue :

Ajax. — Amène-moi mon fils, que je le voie.
Tecmesse. — Dans ma frayeur je l'avais éloigné.

(1) *Ajax*, 485-524.

Ajax. — Est-ce pendant mon délire ? Que veux-tu dire ?

Tecmesse. — Je craignais que le malheureux ne pérît, s'il venait à te rencontrer.

Ajax. — Voilà qui eût été digne de mon mauvais génie !

Tecmesse. — Aussi ai-je veillé à empêcher ce malheur.

Ajax. — Je loue ta conduite et le soin que tu as pris...

Tecmesse. — Enfant, ton père t'appelle. Amène-le, esclave, toi dont la main guide ses pas.

Ajax. — Vient-il ou n'a-t-il pas entendu ta voix ?

Tecmesse. — Il n'était pas loin : voici qu'un serviteur l'amène (2). »

Ajax demande à son fils de le venger un jour. Mais « jusque-là, dit-il avec tendresse, que ta jeune âme croisse et se développe à la douce haleine des zéphyrs pour les délices de ta mère μητρὶ τῇδε χαρμονήν (2). » Puis il éloigne la mère et l'enfant. « Moi qui naguère résistais aux plus rudes assauts, comme le fer s'assouplit dans la trempe, je me suis laissé attendrir par cette femme ; et j'ai pitié de la laisser veuve et mon fils orphelin aux mains de mes ennemis (3). »

Ajax meurt. Par un dernier sentiment de délicate tendresse, c'est loin de Tecmesse, dans un endroit solitaire, qu'il se donne la mort. Mais Tecmesse le retrouve la première. Elle se hâte de jeter sur lui un long voile, pour dérober à ses ennemis la vue de sa blessure sanglante. Elle pleure son affreux malheur. « Rien d'étonnant, femme, lui dit le chœur, que tu te reprennes à pleurer, quand tu viens de perdre un pareil ami. — O toi, répond-elle, tu peux deviner ces choses, mais c'est à moi qu'il appartient de les sentir. » Aveu discret et touchant d'un amour profond et d'une douleur immense ! En digne femme d'Ajax, Tecmesse éprouve dans sa dou-

(1) *Ajax*, 530 sq.
(2) *Ajax*, 558-559.
(3) *Ajax*, 650-653.

leur un sentiment de fierté. « Si la mort d'Ajax est plus amère pour moi qu'elle n'est douce pour eux, elle fut agréable pour lui ; le bien après lequel il soupirait, il se l'est procuré ; il est mort comme il le souhaitait... Ajax n'existe plus pour eux, mais il s'en est allé, me laissant à moi des pleurs et des gémissements (1). »

Déjanire, elle, est une princesse, l'épouse et l'égale d'un héros. Elle aime Héraclès mais Héraclès la délaisse et la trompe. Attente inquiète, épreuve douloureuse, expiation admirable, voilà toute l'histoire de la malheureuse délaissée.

Héraclès est absent depuis quinze mois ; Déjanire vit dans une mortelle inquiétude. Sur le conseil d'une esclave, elle veut envoyer Hyllos à la recherche de son père. « La scène est vraie et touchante, dit Saint-Marc-Girardin, et j'aime à retrouver dans l'entretien de Déjanire et d'Hyllos, l'idée de ces conversations qui se tiennent souvent entre la mère et le fils à peine encore jeune homme, dans les familles où le père est absent ou mort. La mère affligée avertit elle-même le fils qu'il n'est plus enfant, que la famille a besoin de lui, qu'il faut qu'il remplace son père... scènes pieuses et graves de la vie domestique (2). »

Les jeunes Trachiniennes viennent consoler et encourager celle qui « dévorée de regrets a les yeux toujours humides de larmes ». Déjanire les accueille avec bonté et fait au coryphée cette réponse empreinte de mélancolie. « Puisses-tu ne jamais connaître par expérience ce que souffre mon cœur ; aujourd'hui tu l'ignores. La jeunesse croît dans une retraite paisible, où ni l'ardeur du soleil, ni l'orage, ni le souffle des vents ne l'incommode ; elle passe ses jours dans le calme et les plaisirs, jusqu'au moment où la vierge reçoit le nom de femme et prend sa part des inquiétudes de la vie. C'est alors qu'en considérant ses propres ennuis, elle jugerait mieux des malheurs dont je suis accablée (3). »

---

(1) *Ajax*, 966-973.
(2) *Cours de littérature dramatique*, v, p. 250.
(3) *Trach.*, 141-152.

Soudain un messager se présente. Héraclès vit et revient triomphant. Déjanire ne peut croire à son bonheur ; elle interroge encore et enfin sa joie éclate. L'heure est douce où l'on apprend qu'un être aimé rentre au foyer de famille ! « Le reverrai-je vivant ? » demande-t-elle tout d'abord à Lichas ?

Mais quel est ce cortège ? Des femmes, des esclaves. Elles étaient nées sans doute de parents libres, et les voilà « infortunées errant sur une terre étrangère, sans asile et sans famille ». Que le bonheur est donc chose fragile ! Au milieu de son allégresse, un léger nuage de tristesse passe sur le front de Déjanire. Elle se sent pénétrée de pitié, et, par une étrange ironie de la destinée, elle ne peut détacher ses regards compatissants d'une jeune et belle captive « qui sait conserver dans son malheur plus de dignité que ses compagnes ». Elle la questionne avec un affectueux intérêt : la captive reste muette. « Eh bien ! qu'on la laisse libre et qu'elle entre dans le palais, si tel est son désir ; je ne veux point ajouter un nouveau chagrin aux maux qu'elle endure, sa souffrance est assez grande (1). »

Cette captive, que Déjanire traite avec une générosité si touchante, qui est-elle donc ? Déjanire va l'apprendre. Au moment où elle rentre dans le palais « pour faire à l'intérieur les apprêts nécessaires », le messager la prie d'attendre un instant. La fille d'Eurytos n'est point une captive ordinaire, c'est une rivale. Est-ce possible ? faut-il ajouter foi aux paroles du messager ? Qu'on appelle Lichas et que Lichas dise la vérité tout entière ! Déjanire n'aura de haine ni contre Héraclès ni contre la jeune Eubéenne, car Eros est un dieu puissant. Et Lichas confirme le récit du messager ; plus de doute, l'épouse est délaissée et la rivale habite sous le toit conjugal.

Humiliée dans son amour d'épouse légitime et fidèle, humiliée dans sa dignité de femme, Déjanire dissimule ses sentiments de révolte, elle dévore l'affront, et sa grandeur d'âme juge peu séant de s'emporter contre un

---

(1) *Trach.*, 329-332.

époux trop souvent infidèle. La jalousie, Déjanire la domine de toute la hauteur de son âme héroïque.

Pas un instant, elle ne songe à se venger. Non, ce qu'elle veut, c'est reconquérir l'amour de celui qu'elle aime. Le Centaure Nessus lui a donné un remède d'une efficacité infaillible. « Triompher grâce à ce philtre, de ma rivale et ramener Héraclès, voilà, dit-elle, le but que je me suis proposé, si toutefois l'entreprise ne vous paraît pas téméraire ; s'il en est autrement, j'y renonce (1). » Elle confie à Lichas une belle tunique imbibée du sang de Nessus, avec l'espoir de retrouver un époux désormais aimant et fidèle ; et elle congédie le serviteur, avec ce mot charmant : « Qu'aurais-tu donc à lui dire encore ? Je crains que tu ne lui dises combien je soupire après lui, avant de savoir s'il soupire après moi. »

L'espoir de Déjanire est de courte durée : un flocon de laine imbibé du même sang vient de se consumer aux rayons du soleil. Que va-t-il arriver ? Déjà la malheureuse se désespère : aurait-elle perdu celui qu'elle voulait tant sauver ? Mais voici venir Hyllos. Il a vu l'effet de la tunique fatale ; il maudit sa mère. Déjanire se retire en silence.

« Rentrée seule dans le palais, elle se déroba avec soin à tous les regards ; et tombant aux pieds des autels elle gémissait sur son abandon et pleurait toutes les fois qu'elle touchait à des objets jadis à son usage. Courant çà et là à travers le palais, si elle apercevait quelqu'un de ses esclaves les plus chers, l'infortunée versait des larmes à sa vue, déplorant elle-même sa destinée et l'existence désormais malheureuse de ses enfants. Ensuite elle se tut, et je la vis s'élancer tout à coup dans la chambre d'Héraclès, couvrir de riches tapis le lit conjugal, et s'écrier, en versant un torrent de larmes brûlantes : « Adieu, ô chambre nuptiale, adieu pour la dernière fois (2). » Et elle se donna la mort sans un reproche pour les auteurs de ses maux.

(1) *Trach.*, 584-587.
(2) *Trach.*, 900 sq.

Cette héroïne de l'amour conjugal « faillit, voulant bien faire », et c'est son fils Hyllos qui, recueillant son dernier soupir, défendra sa mémoire et vantera sa vertu.

Amour paternel

Le père représente dans la famille l'autorité plutôt que la tendresse. Eh bien ! Ajax et Œdipe, d'un caractère d'ailleurs si violent et si intraitable, ont des élans d'affection qu'on ne peut se lasser d'admirer.

« Approche cet enfant, dit Ajax, car il ne s'effrayera pas à la vue de ces animaux fraîchement égorgés, s'il est vraiment mon fils. Il faut qu'il se forme de bonne heure aux mœurs âpres de son père et apprenne à lui ressembler. Enfant, puisses-tu être plus heureux que ton père et lui ressembler pour tout le reste, alors tu ne seras point à plaindre. Et pourtant j'ai lieu de te porter envie aujourd'hui, parce que tu n'as pas conscience des maux qui m'accablent. Etre indifférent à tout, voilà ce qui fait le bonheur de la vie, jusqu'à l'âge où l'on connaît le plaisir et la peine. Quand tu l'auras atteint, songe à montrer aux ennemis de ton père de qui tu as reçu l'être. Jusque-là, que ta jeune âme croisse et se développe à la douce haleine des zéphirs pour les délices de ta mère. Nul, parmi les Grecs, je le sais, ne t'adressera d'odieux outrages, même quand je ne serai plus là : je connais trop la vigilance de Teucer, que je laisserai auprès de toi pour veiller sur ta jeunesse... Qu'il conduise cet enfant dans mes foyers et le montre à Télamon et à ma mère Eribée, pour être l'appui de leur vieillesse. Quant à mes armes, je ne veux point que des juges ni l'auteur de ma perte les proposent en prix aux Grecs ; toi, mon fils, reçois ce bouclier impénétrable ; le reste de mes armes sera enterré avec moi (1). » Dans cet adieu d'Ajax à son fils, la fierté du héros n'a d'égale que la tendresse du père.

Après son malheur, Œdipe, aveugle, demande Ismène

---

(1) *Ajax*, 545-577.

et Antigone. « O mes enfants, où êtes-vous ? Approchez, venez toucher ces mains fraternelles qui ont mis dans l'état que vous voyez les yeux d'un père qui jouissait naguère de la clarté du jour.

« Je ne puis vous voir, mais je pleure sur vous, en songeant à la triste existence qu'il vous faudra désormais mener parmi les hommes. A quelles assemblées de citoyens, à quelles fêtes irez-vous, d'où vous ne reveniez à la maison, baignées de larmes, au lieu de goûter la joie du spectacle ? et quand vous serez arrivées à l'âge de l'hymen, quel sera le mortel assez hardi pour se charger de tant d'opprobres ?... O fils de Ménœcée, puisque tu restes seul pour leur tenir lieu de père, ne souffre pas qu'elles errent à l'aventure, sans ressources, sans appui ; n'égale point leur infortune à mes malheurs. Mais prends pitié d'elles en les voyant si jeunes et dénuées de tout. Promets-le-moi, généreux mortel, en me donnant ta main. Vous, mes enfants, j'aurais bien des conseils à vous adresser, si vous étiez capables de les entendre. En ce moment, je ne ferai qu'un vœu, c'est que vous jouissiez, sur cette terre où il vous est permis de vivre, d'une existence plus heureuse que l'auteur de vos jours (1). »

Quand sa dernière heure fut venue, Œdipe entoura de ses bras ses deux enfants et leur dit : « O mes enfants, à partir de ce jour vous n'avez plus de père ; désormais tout est fini pour moi, et vous ne devrez plus vous fatiguer pour soigner ma vieillesse. La tâche était pénible, je le sais, mes enfants ; mais un mot suffit pour effacer le souvenir de toutes ces souffrances : c'est que personne ne vous aima jamais plus que ce père sans lequel vous passerez désormais le reste de vos jours. » Pendant qu'il parlait, tous trois se tenant embrassés, pleuraient et sanglotaient. Et lorsque Thésée fut près de lui : « Cher ami, dit Œdipe, donne ta main à mes filles comme gage d'une foi durable, et vous, mes filles, donnez-lui la vôtre. Promets-moi de ne jamais les abandonner volontairement et de faire en toute occa-

---

(1) Œd. Roi, 1480-1511.

sion pour elles ce que ta bienveillance t'inspirera dans leur intérêt (1). » Un père eût-il jamais souci plus inquiet, dévouement plus attentif, amour plus tendre ?

Sophocle n'a presque rien dit de l'amour maternel. La mort du fils cause parfois la mort et toujours la désolation de la mère. Eurydice ne peut survivre à son cher Hémon. Éribée, la vieille mère d'Ajax, en apprenant le déplorable égarement de son fils, « ne gémira pas, l'infortunée, d'une voix plaintive comme la malheureuse Philomèle, mais elle éclatera en cris aigus et lamentables, elle se frappera la poitrine de coups répétés et arrachera ses cheveux blancs (2). » A cette pensée, Ajax s'attendrit, et pour ne point faiblir au moment critique, il a besoin d'oublier sa mère.

Amour filial

« Pour moi, dit Hémon, il n'est pas de bien plus précieux, mon père, que ton bonheur. Quelle parure, en effet, plus glorieuse pour un fils que la prospérité de son père et pour un père que celle de ses enfants (3) ? »

Le premier devoir des enfants, c'est l'obéissance et le respect. « Tel est, mon fils, dit gravement Créon, le sentiment que tu dois avoir gravé dans le cœur : préférer à tout la volonté d'un père (4). » Héraclès impose à son fils une obéissance absolue, dans une affaire plus que délicate. Devant les répugnances très légitimes d'Hyllos : « Cet homme, s'écrie-t-il, semble peu disposé à s'acquitter de son devoir envers un père mourant. Sache pourtant que la malédiction des dieux t'attend, si tu désobéis à mes ordres. » « Eh bien, répond Hyllos, je le ferai et ne résisterai pas davantage ; les dieux apprécieront l'acte que tu m'imposes, je ne saurais paraître criminel, ô mon père, en t'obéissant (5). » C'est le comble de l'abnégation dans l'obéissance.

---

(1) *Œd. Col.*, 1611 sq.
(2) *Ajax*, 622-634.
(3) *Antig.*, 703-704.
(4) *Antig.*, 639-640.
(5) *Trach.*,1238-1240, 1249-1251.

Hyllos connait de bonne heure les devoirs les plus pénibles de la piété filiale : le plus délicat, c'est la réhabilitation de sa mère devant un père irrité. « Elle a failli voulant faire bien. Quand elle a vu cette nouvelle épouse qui est dans le palais, elle a voulu, par un philtre, s'assurer ta tendresse : elle s'est trompée (1). » L'enfant est un messager de paix au foyer domestique : sa seule présence suffit parfois à rapprocher des cœurs séparés par les misères de la vie. Et que dire de l'attitude d'un fils qui, de sa propre initiative, tente une réconciliation ou une réhabilitation, avec toute la délicatesse de sa piété filiale.

Electre voue sa vie à venger son père. « Lumière pure du jour, ciel égal à la terre en étendue, que de fois vous avez entendu mes plaintes lamentables et les coups redoublés dont je frappe ma poitrine ensanglantée, aussitôt que la nuit obscure a disparu. Et durant mes veilles, ma triste couche, dans cette demeure odieuse, sait aussi combien je pleure mon malheureux père, qui n'a point péri dans les jeux sanglants d'Arès, en pays barbare, mais que ma mère et son amant Egisthe, ont frappé d'une hache homicide, comme les bûcherons frappent un chêne. Et personne autre que moi n'a pitié de ton sort, ô mon père, après un trépas si indigne et si pitoyable (2). » « Est-il beau, dites-moi, de ne pas s'inquiéter de ceux qui sont morts ? Chez quels hommes ont pu naître de pareils sentiments ? Ceux-là, je ne veux point de leur estime, et je consens à ne jamais jouir paisiblement du bonheur, si je manque à honorer mes parents en contenant l'essor de mes douloureux gémissements (3). » Electre ne se contente pas de pleurer son père, elle le défend contre les attaques de Clytemnestre. Le chœur ne sait comment admirer un tel dévouement filial.

« Seule, abandonnée, Electre lutte contre la tempête, l'infortunée ne cesse de pleurer sur son père comme le

---

(1) *Trach.*, 1136 ; 1138-1139.
(2) *Electre*, 86-102.
(3) *Electre*, 237-243.

rossignol plaintif, sans songer à la mort qui la menace, prête à sacrifier sa vie, pourvu qu'elle immole deux furies. Où trouverait-on une fille aussi généreuse ? Quiconque est d'un noble sang se refuse à flétrir sa gloire et à ternir son nom par une existence misérable. C'est ainsi, ma fille, que tu as préféré le sort funeste réservé à tous, afin de mériter, en t'armant contre le crime, d'être appelée à la fois la fille la plus sage et la plus courageuse. Puisses-tu t'élever autant en fortune et en puissance au-dessus de tes ennemis que tu es maintenant abaissée au-dessous d'eux ! Car je te vois, malgré la rigueur de ton destin, mériter la palme par ton respect pour les lois les plus saintes, par ta piété envers Zeus (1). »

Antigone et Ismène sont des modèles de piété filiale. La gloire d'Antigone fait pâlir ou même éclipse celle d'Ismène, qui mérite pourtant de n'être point méconnue. Nommer Antigone, il est vrai, n'est-ce pas nommer l'ange de la piété filiale ? Est-il spectacle plus beau que celui qui ouvre la tragédie d'*Œdipe à Colone* ? Œdipe aveugle et vieilli, s'appuyant sur le bras de sa fille Antigone ; la jeunesse et la beauté s'oubliant pour consoler et soutenir la vieillesse et le malheur ! A peine sortie de l'enfance, Antigone guide les pas de son père, mendie sa nourriture, brave la pluie et les ardeurs du soleil, et « souvent parcourt des forêts sauvages, sans pain et sans chaussure ». Oublieuse d'elle-même, « dédaignant les douceurs de la vie à la maison », sans souci de l'hymen, elle vit pour son père, attentive aux moindres besoins et aux moindres désirs du vieillard, signalant les dangers, supprimant les obstacles, parlant pour son père, apitoyant l'étranger par le spectacle de sa propre infortune, apaisant les colères, médiatrice de pardon, merveille de dévouement, de sacrifice et de bonté : une vraie sœur de charité. La tragédie d'*Œdipe à Colone* est le poème sublime de la piété filiale, c'est une des plus belles inspirations de la poésie antique et de la poésie de tous les temps.

(1) *Électre*, 1074-1077.

Amour fraternel

Rappelons simplement l'amour d'Antigone pour Polynice, d'Ismène pour Antigone, et prenons cette fois comme exemple l'amour fraternel d'Electre et d'Oreste.

Electre attend impatiemment le frère qu'elle aime ; elle appelle de ses vœux le vengeur de son père et son propre libérateur. « Moi, soupire-t-elle, je ne me lasse pas de l'attendre, infortunée que je suis ! Sans postérité, sans époux, j'erre çà et là, noyée dans les larmes, en proie à d'interminables souffrances, et lui oublie et mes bienfaits et les avis que je lui ai transmis. Car m'est-il arrivé de lui un seul message que l'événement n'ait pas démenti ? Il est toujours impatient de reparaître, et malgré son impatience, il ne paraît pas. » « La plus grande partie de ma vie s'est écoulée déjà dans une vaine attente et je n'y puis plus tenir. » « Attendant toujours qu'Oreste vienne mettre un terme à mes douleurs, je meurs infortunée (1). » Lorsque le gouverneur vient par ruse annoncer à Clytemnestre la nouvelle, la fausse nouvelle de la mort d'Oreste, la pauvre Electre étouffe de douleur. Chaque mot du gouverneur lui brise le cœur. « Infortunée que je suis ! Ta mort m'a perdue, cher Oreste... Maintenant où chercherai-je un refuge ? Sans ami, sans souci de moi-même, je me consumerai de douleur à la porte de ce palais (2). »

Un jeune homme, encore inconnu, se présente alors devant elle, portant l'urne qui contient les cendres d'Oreste. « O étranger, dit Electre, s'il est vrai que ce vase renferme son corps, laisse-moi, au nom des dieux, le prendre dans mes mains, afin qu'en pleurant sur cette cendre je pleure en même temps sur moi-même et sur toute ma race. » Et quand elle tient l'urne funéraire : « O derniers restes du mortel que j'ai le plus aimé, de mon cher Oreste, combien l'état où je te reçois est loin des espérances que j'avais conçues quand je te fis partir

---

(1) *Electre*, 164-172 ; 185-186 ; 303-304.
(2) *Electre*, 807 sq.

de ces lieux ! Aujourd'hui ce n'est plus qu'une cendre vaine que je tiens dans mes mains, et, quand tu quittas ce palais, mon enfant, tu étais plein de vie. Ah ! que n'ai-je succombé avant de t'envoyer sur une terre étrangère, lorsque je t'emportai dans mes bras et te dérobai au trépas ! Tu serais mort en ce jour, mais tu aurais partagé le tombeau d'un père ; tandis qu'aujourd'hui tu as péri misérablement hors de ta patrie, sur une terre d'exil, loin de ta sœur ; et ce n'est pas moi, malheureuse, dont les mains ont lavé ton cadavre et enlevé ce triste fardeau du milieu des flammes dévorantes du bûcher ; des mains étrangères, infortuné, t'ont rendu les derniers devoirs, et tu me reviens, fardeau léger dans une urne légère. Hélas ! A quoi ont servi les soins que j'ai pris jadis de ton enfance et que j'étais si heureuse de te prodiguer ? Car jamais tu ne fus plus cher à ta mère qu'à moi-même ; personne autre que moi dans la maison ne s'occupait de ta nourriture, et c'est à moi que tu t'adressais toujours en m'appelant ta sœur. Maintenant la mort m'a tout ravi en un seul jour ; tu es parti, emportant, comme l'ouragan, tout avec toi. Mon père n'est plus, moi je suis morte, toi tu es descendu au tombeau. Nos ennemis triomphent : elle s'enivre de joie, cette mère, indigne du nom de mère, à l'insu de laquelle tu m'envoyas plusieurs fois des messages m'annonçant que tu allais paraître et la punir. Mais la divinité malfaisante, qui nous poursuit l'un et l'autre, a ruiné cette espérance ; et, au lieu de tes traits chéris, elle m'a présenté une cendre, une ombre vaine. Hélas, hélas ! déplorables restes ! Ah ! ah ! tu as accompli le plus triste des voyages, cher Oreste, et tu es revenu pour me perdre. Oui, tu m'as perdue, ô mon frère. Reçois-moi donc dans ta dernière demeure ; que le néant s'ouvre pour ta sœur anéantie, afin que j'habite désormais avec toi sous la terre. Lorsque tu étais sur la terre, ton sort et le mien étaient pareils ; maintenant encore je souhaite la mort pour partager ton tombeau, car je ne sache pas que les morts connaissent la douleur (1). » S'aimer, unis dans la vie et dans la

---

(1) *Electre*, 1119-1170.

mort, est-il tendresse plus pure ! Cette scène de l'urne, si célèbre dans l'antiquité, est un « chef-d'œuvre de sentiment ».

Oreste devrait cacher son nom, de peur de manquer sa vengeance. Mais la vengance est oubliée. Et, de même qu'Electre ne songeait qu'au trépas d'un frère, Oreste ne voit plus que les larmes et les souffrances d'une sœur tendrement aimée.

Oreste. — Hélas ! hélas ! que dire ! Dans mon trouble je ne sais que répondre, car je ne suis plus maître de moi.

Electre. — Quelle peine est la tienne ? Pourquoi tiens-tu ce langage ?

Oreste. — Est-ce bien toi l'illustre Electre que je vois ?

Electre. — Elle-même, en effet, et dans un état bien misérable.

Oreste. — O corps indignement, outrageusement flétri !

Electre. — C'est bien à moi et non à une autre que s'appliquent ces paroles de pitié, étranger ?

Oreste. — Quelle existence tu mènes, malheureuse et sans époux !

Electre. — Pourquoi te vois-je pleurer, étranger, en me regardant ?

Oreste. — C'est que je ne savais rien encore de mes malheurs τῶν ἐμῶν xxxῶν (quelle délicatesse ! Oreste s'identifie avec sa sœur)... Et tu n'as personne pour te défendre ?

Electre. — Personne : j'avais un défenseur et c'est lui dont tu m'as apporté les cendres.

Oreste. — Infortunée, il y a longtemps que ta vue excite ma pitié.

Electre. — Tu es le seul, sache-le, qui ait eu pitié de mon sort.

Oreste. — Laisse ce vase, afin de tout apprendre.

Electre. — Malheureuse ! faut-il, Oreste, que l'on m'envie tes cendres !

Oreste. — Cette urne ne te touche en rien !...

Electre. — Il vivrait donc ?

Oreste. — Puisque je vis.

Electre. — Es-tu donc Oreste ?

Oreste. — Reconnais ce signe que m'imprima mon père et vois si je dis vrai.

Electre. — Heureux jour !... Voix chérie, tu frappes enfin mon oreille... Je te tiens dans mes bras.

Oreste. — Fasse le ciel que ce soit pour toujours !

Electre. — O mon frère, ta volonté sera la mienne ; car le bonheur que je goûte, c'est de toi et non de moi qu'il me vient (1). »

Heureux de se retrouver, Electre et Oreste oublient le danger qu'ils courent dans la maison ennemie. Mais le gouverneur d'Oreste veillait et il vient modérer ces transports de bonheur.

L'amour, on le voit, forme le lien intime de la famille, et il serait superflu de faire remarquer l'élévation morale des sentiments et des actes qu'il inspire. La famille, institution à la foi religieuse et humaine, est sacrée ; le respect et l'amour sont des devoirs sacrés. Malheur à quiconque viole les lois de la famille.

Malheur à Héraclès : il délaisse et trompe son épouse. Il mourra dans d'atroces souffrances.

Malheur à Clytemnestre. « Elle poursuit la mémoire de son époux de la même haine qu'elle lui a témoignée vivant ; elle n'éprouve aucun remords du passé, elle s'en fait gloire plutôt. Elle célèbre comme une fête religieuse l'anniversaire de l'assassinat. C'est qu'elle a toujours le cœur plein d'Egisthe, comme au premier jour, et que cet amour étouffe en elle tous les autres sentiments. Elle a tout sacrifié à cet homme, ses devoirs de mère comme ses devoirs d'épouse ; elle en est venue au point de se réjouir de la mort de son fils ; il n'y a plus trace en elle ni de pudeur ni de sens moral. Au moment de mourir, c'est vers Egisthe que vole sa pensée ; elle ne s'aperçoit pas que c'est contre son fils qu'elle invoque l'aide de son amant, et que ce nom seul d'Egisthe, prononcé par elle, suffit à justifier son châtiment (2). »

(1) *Electre*, 1174 sq.
(2) ALLÈGRE, *op. cit.*, p. 203-204.

Malheur au mauvais père. Créon gouverne sa famille comme la cité, en tyran. Il veut la soumission aveugle, au mépris des plus justes et des plus nobles sentiments. Il insulte à l'amour d'Hémon et aux vertus d'Antigone. Il a même la pensée de faire mourir sous les yeux de son fils la malheureuse Antigone. C'est un raffinement de cruauté. Le châtiment ne se fait pas attendre : Hémon meurt sous les yeux de son père affolé. Eurydice meurt de cette mort, et Créon reste seul, désespéré, dans sa maison désormais déserte.

Malheur aux mauvais fils. « Misérable, répond Œdipe à Polynice, lorsque tu possédais le sceptre et le trône que ton frère possède à présent à Thèbes, tu as chassé ton père, tu l'as banni et réduit à porter ces haillons, dont la vue t'arrache des larmes aujourd'hui que tu es tombé dans la même infortune que moi. Ne pleure pas sur mes maux ; moi, je saurai les supporter, en conservant, tant que je vivrai, le souvenir d'un parricide tel que toi ; car c'est toi qui m'as réduit à cet état misérable, c'est toi qui m'as chassé ; c'est ta faute, si je mène cette vie errante et mendie le pain de chaque jour. Aussi les Erinnyes vont s'emparer de ton palais et de ton trône, s'il est vrai que l'antique Diké, compagne des lois éternelles, siège encore aux côtés de Zeus. Va donc, fils exécrable et renié par ton père ; va, le plus scélérat des mortels, chargé de malédictions que j'appelle sur ta tête. Puisses-tu ne jamais t'emparer de la ville qui t'a donné le jour et ne jamais entrer dans la ville d'Argos, mais périr de la main de ton frère et tuer celui même qui t'a chassé ! Voilà les vœux que je forme ; j'invoque le Tartare et ses ténèbres odieuses où mon père est enseveli, pour qu'il t'arrache de cette terre ; j'invoque aussi les divinités de ces lieux ; j'invoque Arès qui vous a soufflé à tous deux cette haine terrible (1). »

Malheur aux frères ennemis ! En vain Antigone supplie Polynice de ramener au plus vite son armée à Argos, de ne point causer la perte de sa patrie, de ne point hâter l'accomplissement des malédictions pater-

---

(1) *Œd. Col.*, 1351 sq.

nelles. Polynice n'écoute rien. Et les deux frères périront bientôt de la main l'un de l'autre.

Les Erinnyes veillent sur la famille. Et quand l'un des membres devient criminel, elles sont là pour le châtier et rétablir l'ordre et l'harmonie.

La famille, surtout la famille antique, a des serviteurs dévoués qui font pour ainsi dire partie de la maison. Ils passent leur vie près de leur maître, prenant ses intérêts, partageant ses sympathies, épousant surtout ses haines. Homère a rendu légendaire le nom d'Eumée. Dans Sophocle, détachons du groupe des serviteurs fidèles le gouverneur d'Oreste.

« O le plus cher des serviteurs, lui dit Oreste, comme tu me donnes des preuves certaines de l'affection que tu nous portes. Tel qu'un coursier généreux, malgré les années, ne perd rien de son ardeur dans les dangers et dresse encore l'oreille ; de même tu nous excites et tu es le premier à nous suivre. Aussi vais-je te faire part de mes résolutions ; prête une oreille attentive à mes discours, et, si je m'écarte du but que je poursuis, redresse-moi (1). » Le gouverneur se charge d'annoncer à Clytemnestre la mort d'Oreste ; tandis qu'Electre et son frère, enfin réunis, se livrent « aux transports bruyants d'une joie immodérée », le gouverneur fait sentinelle à la porte, vient recommander la prudence et rappeler enfin le devoir de la vengeance.

Electre. — Quel est cet homme, mon frère, au nom des dieux !

Oreste. — As-tu donc oublié aux mains de qui tu me remis autrefois ?

Electre. — Qui donc ? que veux-tu dire ?

Oreste. — Celui dont les mains, secondant ta prévoyance, m'emportèrent en Phocide.

Electre. — Ce serait lui, le seul que j'aie trouvé fidèle quand périt notre père ?... O jour heureux ! Unique sauveur de la maison d'Agamemnon, comment es-tu venu ? Est-ce toi qui nous a sauvés et lui et moi de maux sans nombre ? O mains chéries ! O toi dont les

---

(1) *Electre*, 23-31.

pieds nous ont prêté un si heureux ministère, pourquoi m'avoir caché si longtemps ta présence ? Pourquoi m'assassiner par tes discours, quand tu travaillais à me rendre heureuse ? Salut, mon père, car c'est un père que je crois voir en toi. Salut (1). »

MORALE CIVIQUE

« Celui qui est homme de bien dans sa maison sera évidemment juste aussi dans la cité :

Ἐν τοῖς γὰρ οἰκείοισιν ὅστις ἔστ' ἀνὴρ
χρηστός, φανεῖται κἀν πόλει δίκαιος ὤν (2). »

Ici encore, ici surtout, règne l'idée de justice, d'ordre, de hiérarchie. « Les traits lancés contre les grands hommes ne dévient jamais du but, c'est à ceux qui dominent que s'attaque l'envie ; et pourtant les petits sans les grands sont pour l'Etat un appui chancelant, car le faible, aidé des grands, prospère, et le grand a besoin des petits pour s'élever. Mais il est impossible d'enseigner ces vérités à une foule inconsidérée (3). »

La loi doit gouverner la cité. Il faut relire le discours du trône de Créon : sincère ou non, il ne mérite, dans les termes, que des éloges. « Citoyens, les dieux ont relevé et sauvé du naufrage le vaisseau de l'Etat qu'une violente tempête avait secoué. La puissance et le trône m'appartiennent comme au plus proche parent de ceux qui ne sont plus. Il est impossible de connaître l'âme, les sentiments, le caractère d'aucun homme, avant qu'on l'ait vu s'essayer dans l'exercice de la puissance et des lois. Pour moi, celui qui gouverne un Etat sans s'attacher aux meilleurs principes, mais qui laisse enchaîner sa langue par la crainte, me paraît et m'a

(1) *Electre*, 1346-1361.
(2) *Antig.*, 661-662.
(3) *Ajax*, 151-163.

toujours paru un méchant homme, et je ne fais aucun cas de quiconque préfère un ami à sa patrie. Jamais le crime n'obtiendra de moi les honneurs que mérite la vertu, mais quiconque aura montré du zèle pour sa patrie, je l'honorerai après sa mort comme de son vivant (1). » Ces principes, Créon les développe encore à son fils. « Quiconque, dans son insolence, transgresse les lois et prétend commander à ses chefs, ne saurait obtenir mes éloges.

« Il faut écouter celui que l'Etat a choisi pour maître. Oui, je réponds d'un tel citoyen ; il saura commander et ne refusera pas d'obéir. Dans les orages de la guerre, il se maintiendra, loyal et courageux, au poste qui lui sera confié. Il n'est point de pire fléau que l'anarchie : elle détruit les Etats, elle bouleverse les familles, elle provoque dans les combats la déroute des armées, tandis que la plupart des guerriers qui restent fermes à leur poste doivent leur salut à l'obéissance. Il faut donc maintenir les lois établies (2). »

La loi est souveraine. Elle ne doit fléchir que devant une loi plus haute, la loi de la conscience ; Antigone le prouve (3).

Mais la loi est une formule abstraite. Comment l'interpréter, comment l'appliquer aux réalités de la vie ?

Les uns l'appliquent à la lettre : *dura lex, sed lex*. Ils ne connaissent que l'obéissance aveugle. Ce sont les tyrans et les despotes, les Créon et les Ménélas, esprits à vues étroites, esprits formalistes.

Les autres l'appliquent avec intelligence et largeur de vues : ils s'inspirent du bien supérieur de l'Etat et des citoyens. Ce sont les Œdipe et les Thésée.

« Dans les 300 premiers vers de l'*Œdipe Roi*, Sophocle nous dépeint Œdipe comme un roi modèle, jouissant d'une autorité souveraine et incontestée, et admiré autant

---

(1) *Antig.*, 162 sq.
(2) *Antig.*, 663 sq.
(3) Lire, dans *Revue de métaphysique et de morale*, un article remarquable de M. Boutroux : « La conscience individuelle et la loi » (janvier 1906).

qu'aimé de ses sujets. On l'aime pour sa bonté toute paternelle et pour les services qu'il a déjà rendus ; on l'admire pour sa clairvoyance, sa sagesse et son bonheur ; on le vénère presque à l'égal d'un dieu ; on s'adresse à lui dans le malheur avec une entière confiance comme à un être supérieur, à un ἀλεξίκακος incomparable, dont l'expérience, les lumières, la fortune peuvent seules trouver un remède au fléau qui ravage Thèbes et la sauver une seconde fois. Œdipe est véritablement digne d'inspirer ces sentiments, non seulement par l'intelligence et le courage qu'il a déployés jadis contre le Sphinx et la manière dont il a régné jusqu'à ce jour, mais aussi par la sollicitude qu'il témoigne à son peuple dans les circonstances pénibles qu'il traverse. Il ressent, de la souffrance de ses sujets, une douleur profonde ; ses jours et ses nuits se passent à chercher le moyen d'enrayer le fléau (1). » « Je sais bien, dit-il, que vous souffrez tous, mais si souffrants que vous soyez, nul de vous ne l'est autant que moi, car chacun de vous n'a que sa peine, étrangère à celle d'autrui ; mais moi, c'est sur la ville, sur vous que je pleure (2). »

Il est une cité modèle, « qui pratique la justice, où rien ne se fait que par la loi, » cité gouvernée par le plus généreux des rois, Thésée. Cette cité, c'est Athènes. Le poète chante Athènes avec l'ardeur du plus pur patriotisme.

« S'il donne pour théâtre à l'action l'ombre des oliviers et des pampres où son enfance s'est écoulée, Sophocle a déployé dans le lointain, sur la toile de fond, la ligne des remparts d'Athènes et les spectateurs auront constamment sous les yeux l'image de leur cité, que toutes les scènes du drame glorifient... Le panégyrique d'Athènes a son centre lumineux dans le célèbre morceau lyrique, que, suivant la tradition, Sophocle lut devant les juges, pour repousser les imputations dirigées contre lui par son fils Iophon. Ce chœur admirable, placé au milieu de la tragédie, n'est pas seulement un

---

(1) ALLÈGRE, *op. cit.*, 332.
(2) *Œd. Roi*, 59-64.

hymne ému du poète en l'honneur de son bourg natal, de Colone au sol blanc, nid de verdure et de fleurs peuplé de rossignols, rafraîchi par les eaux vives et fécondantes du Céphise, séjour préféré de Dionysos, d'Aphrodite et des Muses ; il est la glorification de l'Attique entière, de sa fertilité, de ses oliviers sacrés, troncs centenaires protégés par la vigilance de Zeus et d'Athéna, redoutés et respectés des ennemis même ; il s'adresse à la métropole fière à bon droit des présents inestimables de Poséidon, le cheval aux belles formes et à la bouche docile et le navire qui bat les flots de ses rames agiles : symboles ingénieux des deux éléments de la force et de la gloire nationales, de la cavalerie et de la marine athéniennes. Sophocle ne pouvait choisir pour ce chœur une place plus heureuse. Les Athéniens viennent d'accueillir Œdipe parmi eux et de lui conférer, pour ainsi dire, le droit de cité : le nouveau citoyen d'Athènes devait donc apprendre tout le prix de la faveur qui lui était accordée et jouir par avance des charmes de sa future patrie...

Ce qui fait la supériorité politique d'Athènes, c'est la sagesse des institutions de la cité et de sa politique ; c'est la haute prudence de l'aréopage, aussi ancien que la ville qu'il s'applique à préserver de l'impiété et des souillures ; ce sont les principes de justice qui président aux délibérations et aux entreprises de ce peuple formé d'hommes libres et chez lequel tout se soumet à l'autorité de la loi ; c'est surtout la vaillance des citoyens, leur courage militaire et leurs triomphes guerriers. Quand les Athéniens prennent les armes, ce n'est ni par intérêt ni par ambition ; c'est pour repousser les attaques injustes ou défendre les opprimés ; alors leur bravoure devient irrésistible. Ajoutons que, grâce à Thésée qui la personnifie, cette bravoure prend dans la pièce le même air chevaleresque que celle des antiques héros bienfaiteurs de la Grèce (1). »

Enfin la supériorité morale d'Athènes vient de cette

---

(1) ALLÈGRE, *op. cit.*, 241-242 ; 241-245.

piété dont nous avons déjà parlé. « On dit, remarque Œdipe, qu'Athènes est la plus religieuse des cités, que seule elle est capable de sauver l'étranger malheureux, seule en état de le secourir... Étrangers, ne ternissez pas l'éclat de l'heureuse Athènes par des actes impies, mais défendez et protégez le suppliant qui a reçu votre foi (1). »

Au dénoûment, il semble que la divinité, en élevant Œdipe au rang des héros immortels, se propose surtout « d'établir sur des bases inébranlables la prospérité de la cité où règnent l'humanité, la piété, le respect du malheur et des dieux (2) ».

MORALE RELIGIEUSE

Les devoirs envers les dieux priment tous les autres devoirs.

« *Créon.* — Ἁμαρτάνω γὰρ τὰς ἐμὰς ἀρχὰς σέβων.

Hémon. — Οὐ γὰρ σέβεις, τιμάς γε τὰς θεῶν πατῶν. »

« Ai-je donc tort de faire respecter mon autorité ? — Tu ne la fais pas respecter en foulant aux pieds les prérogatives des dieux (3). »

Quels sont les devoirs de l'homme envers la divinité ?

Ce n'est pas l'amour. L'amour naît du sentiment de la perfection infinie, et les dieux de Sophocle ne sont point parfaits. Athéna, dans le prologue d'Ajax, est une immortelle qui fait piètre figure à côté d'Ulysse, lequel n'est pourtant pas un saint. Elle a des sentiments de cette qualité : « est-il rien de plus doux que de rire de ses ennemis (4) ? » L'Olympe de Sophocle, c'est l'Olympe populaire. Cependant Sophocle conçoit Zeus comme Créateur et Providence. « Zeus Olympien est le

---

(1) *Œd. Col.*, 260 sq.
(2) ALLÈGRE, *op. cit.*, p. 247.
(3) *Antig.*, 711-745.
(4) *Ajax*, 79.

père de toutes choses : τῶν ἁπάντων πατήρ (1) ». « Rassure-toi, il est encore au ciel un dieu tout-puissant, Zeus qui voit et gouverne tout : Ζεὺς, ὃς ἐφορᾶ πάντα καὶ κρατύνει (2). »

Le premier devoir de l'homme, c'est le respect et un respect mêlé de crainte. Depuis la répartition primitive des biens et des maux, les dieux ont leur domaine réservé. Malheur à qui empiète sur ce domaine ! Que l'homme se souvienne de ce qui est son lot, son partage, qu'il comprenne sa faiblesse vis-à-vis des dieux γνῶθι σεαυτόν ; qu'il se confine dans les limites de sa nature et de sa destinée ! Entre dieu et l'homme, il y a une ligne de démarcation, une ligne frontière. Si l'homme la dépasse, il commet un crime d'impiété, nommé ὕβρις (de ὑπέρ) excès, abus. La Némésis se charge de le remettre littéralement à sa place. L'orgueil humain, c'est l'impiété par excellence.

« Puisse-t-il m'être donné en partage de garder dans toutes mes paroles et dans tous mes actes la sainte pureté des mœurs, conformément à ces lois sublimes, enfantées au sein des régions célestes, dont l'Olympe seul est le père, qui ne doivent pas le jour à la race des mortels et que l'oubli n'endormira jamais : en elles réside une vertu divine et la vieillesse ne les atteint pas. L'orgueil engendre la tyrannie ; l'orgueil, après s'être follement enivré d'une foule d'actes coupables et funestes, s'élève jusqu'au faîte pour tomber ensuite dans l'abîme, d'où il ne peut plus sortir. Si un mortel se montre insolent dans ses discours ou dans ses actions, s'il ne redoute point la justice et ne montre aucun respect pour les images des dieux, qu'un destin cruel soit son partage pour prix de son misérable orgueil (3). »

L'orgueilleux Ajax peut à bon droit servir de type. « Ces hommes d'une taille démesurée sont précipités par les dieux dans de cruelles calamités, si, nés mortels, ils ont des sentiments trop élevés pour des mortels.

---

(1) *Trach.*, 275.
(2) *Electre*, 173-175.
(3) *Œd. Roi*, 863 sq.

Déjà, à son départ de Salamine, Ajax avait fait preuve de folie, lorsque son père lui donna de sages conseils. « Mon fils, lui disait-il, sois jaloux de vaincre, mais de vaincre avec l'appui des dieux. » Ajax répondit avec une sotte arrogance : « Mon père, avec l'aide des dieux, le lâche même peut remporter la victoire ; mais moi, je me flatte d'obtenir cette gloire, même sans eux. » Tel fut son langage hautain. Une autre fois, comme la déesse Athéna l'excitait à porter sa main sanglante sur les ennemis, il répliqua par ces paroles altières et impies : « Déesse, assiste les autres Grecs ; jamais, où nous sommes, le combat ne se changera en déroute. » C'est par de tels propos, par son orgueil plus qu'humain qu'il s'est attiré la colère de la déesse (1) ». Ajax est puni par où il a péché. Ce foudre de guerre, qui se vantait d'accomplir seul des prodiges, massacre d'inoffensifs animaux. Athéna le tourne en dérision, et dit à Ulysse : « Que ce spectacle t'apprenne à ne jamais prononcer contre les dieux aucune parole arrogante, à ne concevoir aucun orgueil, si tu l'emportes sur un autre par la force de ton bras ou par l'étendue de tes richesses. Un jour suffit pour abattre comme pour relever les choses humaines ; les dieux aiment la modestie et détestent l'impiété : τοὺς δὲ σώφρονας

θεοὶ φιλοῦσι καὶ στυγοῦσι τοὺς κακούς (2). »

Dans la circonstance, Athéna joue le rôle de la Némésis. Cette conception de la Némésis est un symbole mythologique, sous lequel se cache une pensée philosophique profonde. L'homme ne doit point oublier son imperfection de nature. « Mortel, pense en mortel, » disaient les Grecs. La foudre tombe toujours sur les hautes cimes. La vertu morale fondée sur ce sentiment d'imperfection native, c'est toujours la σωφροσύνη.

Le second devoir religieux est l'espérance. Les dieux sont puissants, voilà pourquoi il faut les respecter et les craindre, mais voilà aussi pourquoi il faut espérer

(1) *Ajax*, 758-777.
(2) *Ajax*, 127-133.

en eux. Car ils peuvent donner le bonheur : l'εὐδαιμονία ne vient-elle pas du δαίμων ? Il faut donc « cultiver » les dieux, se faire aimer des dieux.

Le culte qu'on leur rend n'a qu'un but : se les rendre favorables, ἱλάσκεσθαι. Comment ? Par la prière et par les sacrifices.

On prie surtout dans le malheur. Héraclès invoque Zeus, « seul médecin » qui puisse calmer ses atroces souffrances. Philoctète demande aux dieux « de venir à lui propices et cléments ». Quand la peste sévit à Thèbes, toute la population se prosterne suppliante aux pieds des autels, et le chœur appelle à son aide les « trois divinités secourables ».

Mais, tandis que la prière chrétienne implore une faveur, la prière antique réclame une chose à peu près due. La première supplie, la seconde exige. La religion chez les Grecs, est une manière de contrat bilatéral : *do ut des*. L'homme donne des offrandes et des sacrifices et demande, en retour, tel ou tel bien. « Roi Apollon, dit Electre, écoute favorablement leur prière et la mienne, car j'ai souvent enrichi ton autel, autant que j'ai pu le faire, en levant vers toi mes mains suppliantes. Aujourd'hui, Apollon Lycien, je t'implore en t'offrant le peu que je possède et te supplie de seconder notre entreprise (1). » Si les dieux restent sourds, l'homme murmure. « Autels élevés sur le promontoire de Cénée ! dit Héraclès. Voilà donc comment tu m'as récompensé pour les victimes que je t'ai immolées, ô Zeus (2). » Si les dieux sont favorables, on leur offre des sacrifices d'actions de grâces : « La victoire au glorieux renom est venu récompenser Thèbes. Durant la nuit entière, faisons des chœurs de danse dans tous les temples des dieux (3). »

Dans l'antiquité, les sacrifices se faisaient suivant des rites minutieux. Qu'on veuille bien, pour s'en con-

---

(1) *Electre*, 1376-1381.
(2) *Trach.*, 993-995.
(3) *Antig.*, 148-154.

vaincre, considérer le sacrifice expiatoire d'Œdipe aux Euménides (1).

De vrais ministres du culte, il n'y en avait point. Seuls les devins étaient regardés comme des interprètes de la divinité. Œdipe et Créon mandent Tirésias. Tirésias parle en maître et les rois mêmes n'osent point lui désobéir. Tirésias a d'ailleurs conscience de sa haute dignité : « Tout roi que tu es, dit-il à Œdipe, je puis du moins te répondre sur le pied de l'égalité ; c'est un droit qui m'appartient aussi. Sujet d'Apollon, je ne suis pas le tien (2). »

En somme, religion positive et pratique. Les Grecs portent leurs préoccupations intéressées jusque dans leurs relations avec la divinité.

(1) *Œd. Col.*, 466 sq.
(2) *Œd. Roi*, 408-410.

CONCLUSION

« Si l'on voulait se représenter la morale grecque de cette période sous une forme concrète qui la résumât fidèlement, il me semble qu'il suffirait d'évoquer l'image de « l'honnête homme » du καλὸς κἀγαθός. Le καλὸς κἀγαθός, c'est l'homme de bonne mine et de solide mérite, pieux juste, modéré, courageux, raisonnable en toute sa conduite, riche d'ailleurs et considéré. Il honore les dieux selon la loi de la cité, sans superstition ni indifférence ; il est bon citoyen, apte à remplir les charges publiques aussi bien qu'à combattre sur un champ de bataille. Il gouverne sa maison avec sagesse ; il est humain par délicatesse d'esprit et sentiment éclairé de la justice, plus peut-être que par un mouvement instinctif. Il aime la gloire, celle des victoires olympiques aussi bien que celle de la guerre, et plus peut-être, celle qui s'attache à la puissance politique. Il n'a rien d'un ascète, ni d'un saint ; mais il est un admirable exemplaire de raison spéculative et pratique s'exerçant dans le domaine tout entier de la pensée traditionnelle et de la vie civique. Il cherche son propre bonheur dans l'accomplissement raisonnable de sa tâche de citoyen. C'est proprement un sage, avant toute philosophie et en dehors de tout système. Il s'appellera, si l'on veut, Solon ou Aristide (1). »

Pourquoi ne s'appellerait-il pas Sophocle ? « Une belle statue du musée de Latran nous le fait voir dans la force de l'âge, l'air grave et doux, et le regard profond. » Nous savons que sa vie fut longue et heureuse : elle fut sans doute un beau poème, une belle œuvre d'art. Et ainsi nous pouvons voir dans le poète lui-même « un admirable exemplaire » de l'idéal moral que révèlent ses tragédies.

(1) CROISET, *Questions de morale* (Alcan), p. 138.

Quels avantages peut-on retirer à notre époque de la méditation des pensées morales de Sophocle ?

Sophocle a célébré la grandeur de l'homme. Les générations contemporaines n'ont pas besoin d'être excitées à prendre conscience de leur dignité : elles exagéraient plutôt l'excellence de la nature humaine. Il vaut mieux leur rappeler le correctif qu'apportait à ce sentiment la sagesse antique : μηδὲν ἄγαν, rien de trop ; mortel, pense en mortel ; homme, agis en homme. L'orgueil de surhomme nietzschéen, l'orgueil de nos Ajax menace, en même temps que leur bonheur personnel, le bonheur et la sécurité des sociétés et des peuples. La σωφροσύνη, modération ou sagesse, est la grande vertu morale.

Elle consiste à réaliser l'idéal de justice, qui est un idéal d'ordre. Tout le monde, de nos jours, parle de justice ; est-ce que tous entendent par justice la réalisation de l'ordre ? Et pourtant l'idée d'ordre n'est-elle pas à la base de toute morale ? La grande loi ordonnatrice qui, dans Sophocle, règle la vie individuelle et la vie collective doit être une leçon et un exemple des plus profitables.

La conscience morale se confondait, avant Sophocle, avec la conscience commune. Elle tend aujourd'hui à s'y confondre de nouveau : philosophes évolutionnistes et sociologues disent à l'envi « il faut agir dans le sens des aspirations communes de la conscience moderne. » Il est opportun, dès lors, d'affirmer énergiquement, avec l'Antigone de Sophocle, l'autonomie de la conscience individuelle ; il est bon de poser, en face des lois qui évoluent, les lois éternelles et immuables.

Les héros de Sophocle hiérarchisent les facultés et disciplinent les puissances de leur âme. La volonté est reine ; la sensibilité, esclave. De nos jours, l'esclave a trop souvent détrôné la reine. Dans la littérature et même parfois dans la philosophie, n'a-t-on pas divinisé la passion ? Quant à la volonté, elle s'anémie et s'atrophie à tel point qu'un penseur a pu écrire : « La crise morale d'aujourd'hui est-elle une crise de la pensée ? N'est-elle pas, chose infiniment plus grave, une crise de la volonté (1) ? » Or le théâtre de Sophocle est la grande école de la volonté, la grande école de maîtrise de soi en face du malheur et des passions.

La famille, dans Sophocle, « repose sur des principes de solidarité intelligente et affectueuse qui ne sont pas loin de la perfection (2). » On ne saurait trop admirer la puissante constitution de cet organisme familial : les lois divines et humaines unissent les ancêtres à leurs descendants et ceux-ci entre eux, par les liens indissolubles et sacrés du respect et de l'amour. Sur une telle base peut reposer l'édifice social le plus imposant. Or aujourd'hui que devient la famille ? Des hommes se donnent la mission de la dissoudre, au nom de la liberté, au nom de l'égalité (3). Ces hommes retardent sur le paganisme : nous les renvoyons à Sophocle.

On nous pardonnera enfin de faire observer que les personnages de Sophocle avaient le respect de la divinité : peuples et individus ne rougissent pas d'adresser au ciel, soit en public, soit en particulier, des prières de supplication ou des sacrifices d'actions de grâces. Le xxe siècle pourrait tirer profit d'un tel souvenir.

Pour tout dire en un mot, une grande idée domine la morale de Sophocle, l'idée de justice, c'est-à-dire l'idée d'ordre. A notre époque d'anarchie morale, c'est un devoir de rappeler les esprits au respect et à l'admiration de l'ordre.

Hâtons-nous d'ajouter que la morale de Sophocle n'est pas une morale complète. Elle est trop individualiste et trop rationaliste.

Elle pose, comme vraie fin de la vie humaine, le bonheur et, qui plus est, le bonheur en cette vie. En fait, rechercher le bonheur en cette vie, n'est-ce pas poursuivre une chimère ? En droit, « est-il certain que la morale puisse être considérée comme une chose essentiellement individuelle », sans souci de solidarité

---

(1) DAURIAC, *Morale sociale* (Alcan), p. 318.
(2) CROISET, *Questions de morale* (Alcan), p. 155.
(3) *Question du divorce.*

sociale ? De plus, dans son origine et dans sa fin, n'est-elle pas « transcendante » ?

En second lieu, la raison pose la loi de justice, mais ne saurait, à elle seule, la réaliser. Dans les luttes de la vie, la raison est une lumière, ce n'est guère une force. Faire de sa vie une œuvre d'art, l'entreprise peut tenter quelques âmes d'élite, quelques privilégiés de la fortune et de l'intelligence, mais le peuple ne se guide point par la raison pure. Ce qui manque le plus à la morale de Sophocle, c'est le sentiment.

La force jaillit des profondeurs de l'âme et du sentiment. Ce n'est qu'avec le double concours de cette lumière de la raison et de cette force du sentiment, que la volonté peut fermement accomplir son devoir dans la vie.

Trop individualiste et trop rationaliste, Sophocle ne pouvait comprendre, sinon soupçonner, ni la solidarité humaine ni surtout la fraternité humaine. L'étranger reste le « barbare » du dehors, « l'ennemi » ἐχθρός étant le barbare du dedans. On ne trouve pas, nous l'avons déjà dit, dans Sophocle de morale proprement sociale.

Le Christianisme a apporté au monde une morale plus complète, une morale parfaite, car il a dit aux hommes : « Orientez vos âmes vers le ciel et aimez-vous les uns les autres. »

TABLE DES MATIÈRES

	Pages.
Introduction	3
Caractère général de la morale de Sophocle	7

Première partie. — Le devoir.

1. Loi morale : bonheur	13
— intérêt	14
— gloire	16
— justice	20
— bonté	22
2. Conscience morale	25
3. Responsabilité morale	33
4. Sanction morale : individu	39
— famille	42
— cité	42

Deuxième partie. — Les devoirs.

1. Morale individuelle : volonté	46
— intelligence (vérité)	47
— sensibilité	51
2. Morale domestique : culte des ancêtres	56
— amour conjugal	59
— amour paternel	66
— amour filial	68
— amour fraternel	71
— violation des devoirs de famille	74
— maîtres et serviteurs	76
3. Morale civique : loi, patriotisme	77
4. Morale religieuse : crainte, espérance	81
— culte	84
Conclusion	86

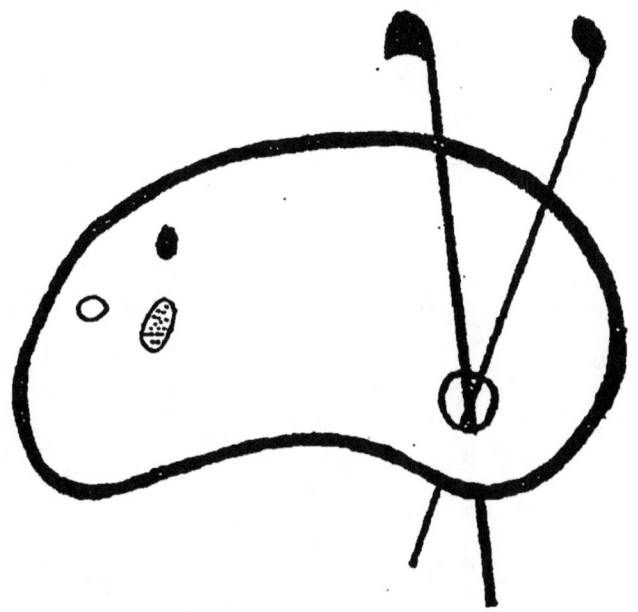

ORIGINAL EN COULEUR
NF Z 43-120-8

www.ingramcontent.com/pod-product-compliance
Lightning Source LLC
LaVergne TN
LVHW050555090426
835512LV00008B/1167